新编高职高专旅游管理类专业规划教材
谢彦君　总主编

LÜYOU XIANLU GUIHUA YU SHEJI

旅游线路规划与设计

（第2版）

胡　华　编　著

北京·旅游教育出版社

新编高职高专旅游管理类专业规划教材编委会

主　任　谢彦君
委　员　（按音序排列）
　　　　狄保荣　　韩玉灵　　计金标
　　　　姜文宏　　罗兹柏　　王昆欣
　　　　张广海　　张新南　　朱承强

总序

经过将近三年的策划与组织,旅游教育出版社的"新编高职高专旅游管理类专业规划教材"终于要整体付梓印行了。本套丛书不管是在编写宗旨的确立还是在撰著者的遴选方面,都经历了一个较为严谨而细致的过程,这也为保证丛书的质量奠定了一个良好的基础。

中国的高等旅游教育和旅游产业发展,已经度过了三十多个春秋。从20世纪70年代末的筚路蓝缕到今天已蔚为大观的局面,这当中包含了几代学人和业者共同努力、共同创业的艰辛。在今天看来,尽管在这个知识和行业共同体中曾经并依然存在着观点、思想和认识上的碰撞和摩擦,但一路前行的步伐却始终没有停止过。这也是中国旅游教育界、旅游产业界呈现于世人的最令人鼓舞的风貌和景观。

在整个高等旅游教育体系中,职业教育的发展只是在最近的十几年中才真正被政府纳入到大力发展的战略框架当中,并在今天形成了占据旅游高等教育半壁江山的势头。如果站在整个旅游高等教育的视野来审视旅游职业教育和普通教育在整个旅游高等教育中的局面,大家会有一个基本的共识:旅游高等职业教育在人才培养方面,无疑更加体现了专业细分、供需对接、学为所用的人才培养效率和效果,并不像旅游本科教育那样,每年的毕业生有70%以上流入其他行业或领域,从而造成社会教育资源的极大浪费。这个问题学界多有认识、阐述和呼吁,并一致认为,其根源在一定程度上是由本科专业目录管理过于僵化的行政机制所造成。值得欣慰的是,最新的本科专业目录调整方案中,已经增设了饭店管理专业,这一举措借鉴了旅游专业高等职业教育按照旅游大类进行专业细化的成功方面,昭示了旅游大类下设专业(二级学科)进一步有限度地细化的趋势。

不过，尽管旅游专业的高等职业教育有其成功的地方，但也不是没有问题。在专业格局有了科学规划的前提下，人才培养的质量就取决于具体的人才培养方案了。在这当中，各个学校所拥有的教学资源、师资队伍、教材、教学法等方面的准备，就成为关键的教育因素。如果仔细盘点目前我国旅游专业高等职业教育在这一方面的家底，其实还很不容乐观。在我看来，由于我们对职业教育在认识上还不够成熟，准备上还不够充分，操作上还有待完善，加之旅游职业教育向来多以接待服务为教育的主体内容，缺乏硬技术、高门槛，因此，中国的旅游职业教育，依然显得离岗位培训距离不远、差异不大。在知识体系和职业技能的衔接方面，始终没有找到最好的途径和策略。因此，旅游职业教育在培养人的职业深度发展空间方面，始终有浅薄无力的缺欠。这是一个需要警觉，同时也是一个需要时间才能加以解决的问题。

旅游教育出版社在策划本套丛书的初期，就曾意识到这个问题，并有努力解决这一问题的想法。在本套丛书的书目确定、作者遴选、写作宗旨的厘定等方面，都试图对上述问题作出回应。从各位作者所作的努力来看，本套丛书还是在一定程度上解决了这个问题。整套丛书中，不乏在这方面做得很好的，也有在其他方面展现了充分特色的著作。因此，希望本套丛书的面世能够给旅游职业教育提供一套比较适用的教材资源。

本套丛书的作者都来自职业教育工作的教学与科研第一线，他们在各自所长的学科领域也都多有建树。作为本丛书的主编，我十分感谢他们在编写过程中所作出的巨大努力以及展现出来的合作与奉献精神。

由于水平所限，加之本人对旅游职业教育的理解缺乏深度，因此，本套丛书还是会存在总体架构、基本思想和具体编写工作方面的诸多不足甚至错谬。希望广大读者和其他人士对本书的缺欠不吝赐教，以图再版时予以修正，避免贻误学生。

是为序。

谢彦君
2011年7月22日于灵水湖畔

前言

旅游线路属于旅行社核心旅游产品,随着国内旅游产业的快速转型升级,实体旅行社国内旅游业务份额逐渐被在线旅行社所挤占,特色旅游线路开发成了实体旅行社与在线旅行社面对竞争立于不败之地的法宝。因此,旅游相关企业对旅游线路设计专业人才的需求格外旺盛,满足这种需求一是依靠各高等院校专业人才的培养;二是依靠对旅行社现有人员的培养提升。由于旅游线路规划与设计是一门操作性、技术性非常强的课程,又与旅游心理学、旅游策划与实务、旅行社经营管理、旅游市场营销、计调与外联业务诸多课程存在交叉与联系,使得该课程一直缺乏一本既适用于院校教学,又适用于旅行社计调人员业务提升培训的教材。众多旅游类院校将它作为专业核心技能课,也希望学生通过此课程的学习拓展就业岗位,提高学生就业的技术含量。郑州旅游职业学院胡华副教授综合多年教学积累与行业调研的第一手资料,借鉴了许多专家学者的大量研究成果,于2011年编著了本教材,教材出版后受到了业内人士与院校师生的一致好评。

考虑到中国旅游业的井喷式发展,旅行社产品变化的日新月异,作者于2014年底开始对本书进行修订。修订前作者对行业进行了深入调研,并邀请行业专家进行论证。修订时充分考虑了在线旅行社的快速发展,将旅行社产品设计的新理念融入其中。

本书修订过程中参考了许多专家学者的大量研究成果,如魏小安、杜江、戴斌、吴国清、钟海生、郭英之等人的著述。他们的研究为作者提供了思路和编写材料,极大地丰富了本书的内容,在此一并表示感谢和敬意。

由于时间匆忙及自身学识和水平的限制,本书难免会存在疏漏和不足,恳请同行专家和广大读者批评指正。

编者

2015年1月

目 录

第一章 导论 ·· 1
   第一节 旅游线路的概念 ·· 1
   第二节 旅游线路设计的意义 ··· 3
   第三节 旅游线路的特点 ·· 5
   第四节 旅游线路的类型 ·· 6
   第五节 旅游线路规划与设计的理论基础 ······································ 9

第二章 旅游线路设计的应用 ·· 20
   第一节 旅游线路与餐饮的组合 ·· 20
   第二节 旅游线路与住宿的组合 ·· 25
   第三节 旅游线路与交通的组合 ·· 28
   第四节 旅游线路与景区的组合 ·· 32
   第五节 旅游线路与购物的组合 ·· 34
   第六节 旅游线路与娱乐的组合 ·· 39

第三章 旅游者消费行为研究 ·· 44
   第一节 旅游者消费构成及特点 ·· 44
   第二节 旅游者的购买决策过程 ·· 48
   第三节 旅游者的消费动机 ·· 52

第四章 旅游线路设计运作 ··· 58
   第一节 旅游线路市场调研方法 ·· 58
   第二节 旅游线路市场调研流程 ·· 63
   第三节 旅游线路市场调研实例 ·· 65
   第四节 旅游线路设计创意及其实例 ·· 72

第五节　旅游线路广告促销 ·· 80
　　第六节　实体旅行社旅游产品开发战略 ······································ 82

第五章　旅游线路设计实例评析 ·· 84
　　第一节　郑汴洛、云台山旅游线路 ·· 84
　　第二节　汉唐古韵、丝路探奇旅游线路 ······································ 86
　　第三节　青藏高原科考旅游线路 ·· 89
　　第四节　红色旅游线路（以延安为例） ······································ 92
　　第五节　河南省特色旅游线路推荐 ·· 93

附录一　中国国家级重点风景名胜区名录 ·· 98

附录二　中国国家级历史文化名城名录 ·· 108

附录三　中国国家级自然保护区名录 ·· 110

附录四　中国纳入联合国"人与生物圈"保护区名录 ···························· 125

附录五　中国世界遗产名录 ·· 127

附录六　教学大纲 ·· 129

参考文献 ··· 132

第一章 导论

引言

2009年5月1日,新修订的《旅行社条例》开始实施,新条例大大放宽了对外资旅行社的限制,这意味着外资旅行社将全面参与中国的旅游市场竞争。对于处于发展中的中国旅行社而言,提升自身竞争力的关键在于旅游线路的设计。旅游线路设计是旅行社的工作重点,是旅行社得以生存和发展的基础。本章主要介绍了旅游线路设计的概念、性质、特点、类型,并剖析了线路在旅游业中的重要地位。主要对旅游线路设计起一个理论引导作用。

学习目标

1. 按类型熟练勾画旅游线路
2. 掌握旅游线路的分类方式
3. 掌握旅游线路的基本概念

第一节 旅游线路的概念

研究人员所站的角度不同,对旅游线路会有不同的理解。目前,我国学术界对旅游线路尚没有统一的规范性定义。只是一些研究人员分别从旅游规划学、旅游市场学、生产学、旅游产品的角度,给出了一些不同的解释,形成了四种基本观点。

一、从旅游规划学的角度

西北大学地理系教授雷明德在《旅游地理学》(1988年)中提出:旅游线路是旅游部门为旅游者设计的进行旅游活动的路线,是由交通线把若干旅游点或旅游城市合理地贯穿起来的路线。

北京第二外国语学院教授庞规荃在《旅游开发与旅游地理》(1989年)中提出:

旅游线路是指在一定的区域内,为使游人能够以最短的时间获得最大观赏效果,由交通线把若干旅游点或市域合理地贯穿起来,并具有一定特色的路线。

二、从旅行社产品设计的角度

东北财经大学教授谢彦君认为:旅游线路是旅行社或其他旅游经营部门以旅游点或旅游城市为节点,以交通路线为线索,为旅游者设计、串联或组合而成的旅游过程的具体走向。

这一定义广泛地被旅行社经营管理人员所采用,有些学者对旅游线路的分析也是建立在此种概念基础之上的。它是将旅游线路限定为具有某种组合弹性的商品形式,并认为旅游线路属于旅游产品的核心组成部分。

三、从旅游市场学的角度

学者汪月启在《纵横天下行》(1993年)中提出:旅游线路是旅游服务部门(如旅行社)根据市场需求分析而设计出来的包括旅游活动全过程所需要提供服务全部内容的计划线路。

湘潭大学教授阎友兵在《旅游线路设计学》(1996年)提出,旅游线路是旅游服务部门为根据市场需求,结合旅游资源和接待能力,为旅游者设计的包括整个旅游过程中全部活动内容和服务的旅行游览路线。

四、从旅行社产品产出的角度

中国旅游报社前社长陈志学教授在《导游业务知识与技能》(1994年)中提出:旅游线路是指旅行社生产的包价旅游产品,根据旅游资源和接待能力及旅游者的需要而规划出来的旅游途径。

郑州旅游职业学院副教授胡华认为:旅游线路是指旅游服务机构为满足游客度假、休闲需求而将不同的旅游景点、旅游村镇用交通工具科学串联起来的路线,以期用最经济的花费(金钱、时间)满足大容量、求特色的观赏目的,它是旅行社最核心的产品。

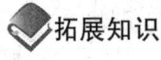拓展知识

旅游线路专营

实施线路专营是指旅行社通过买断上下游多家企业相关旅游产品的使用权,进而实现在价格上更大的控制权,以较低的价格进行竞争。那些曾经试图"搭便车"的旅行社要想经营专营的旅游线路,就必须从生产旅游产品和服务的供应商那

里购买转到从线路开发商那里购买,线路开发商就可以把组合、推广、包装、促销线路的费用摊分到待出售的产品上,保证开发成本的顺利收回。

(整理自贵阳市知识产权局网)

第二节 旅游线路设计的意义

旅游业的持续发展要求旅游产品不断创新,这既是旅游景区(点)持续发展的要求,也是旅行社生存、发展的根本动力,而旅游线路设计正是作为旅游媒介的旅行社开发旅游产品的基本保障之一。

一、旅行社保证市场占有率的途径

目前,对旅游线路研究多数集中在景区(点)内旅游线路研究和依据旅游资源的特点来设计旅游线路,多数旅行社没有专门设计旅游线路、旅游产品的部门,只是简单模仿其他旅行社的旅游线路设计成果。这和我国大多数旅行社规模不大,以中小型旅行社居多的现状有关。中小型旅行社在产品开发和线路设计、服务上并没有自己鲜明的特色,大都是随大流,这种状况下很难保证旅行社在市场上有高的占有率。

二、构建全新的旅行社分工体系的要求

长期以来,我国旅行社行业沿用水平分工体系,根据旅行社所服务的市场的不同将旅行社划分为国际旅行社和国内旅行社,每类旅行社都各自形成了"大而全"或"小而全"的企业结构。目前规模较大的旅行社未能在策划、设计新旅游线路,引导消费和平抑旅游市场过度竞争,稳定市场中发挥应有的作用。

相对于水平分工体系,垂直分工体系下旅游批发商和旅游零售商分工专业化层次分明,各司其职,有效克服了因缺乏专业分工而导致的业务交叉重叠、混乱竞争等弊端,使整个行业经营协调有序。构建全新的垂直分工体系途径之一就是要求旅游经营批发商集中力量搞好旅游产品研发和品牌的维护,这是提高企业的自身竞争能力和资源配置有效性的前提。

三、提高旅行社整体效益的手段

全国旅行社行业的平均营业利润率在20世纪90年代中期基本上保持在10%左右,到了21世纪前十年统计数字显示已下降到0.3%左右,整个行业处于低效益运行之中。这主要由于旅游线路策划、设计、开发既缺乏进入限制,又没有太多的技术手段可以保护成果,因此一旦有开发能力的旅行社开发出一些能够迎合市场

需求的新线路、新产品,众多旅行社就会一哄而上,竞相模仿或参与经营,这在很大程度上削弱了有实力的旅行社对旅游线路不断创新的积极性,从而导致旅行社之间的竞争局限于价格竞争等低水平的竞争方式,使得整个行业利润率呈现迅速下降的趋势。

四、旅游线路统筹区域旅游业的发展

旅游线路统筹是区域旅游发展的一种操作系统理论与工作机制,即根据旅游产业的功能综合性和产业互融性特征,按照旅游产品依线路而形成的规律,以打造和推出旅游精品线路为核心,整合沿线各种资源和要素,形成要素产业均衡协调发展的区域旅游发展态势和格局。其主要实践内容包括:整合线路沿线一切可整合的力量及相关的资源、要素,推动旅游产业打破行政管辖限制,突破行政区域界限发展。

旅游线路统筹,从主题、范围、内容及主体等方面入手,以期形成、发展成为一个旅游发展操作系统理论。从宏观角度来说,它是社会主义初级阶段区域旅游发展的一种方法论和认识论;从中观角度来说,它是一种旅游学操作系统理论,是指导区域旅游发展的运作机制和工作方法。

旅游线路统筹作为区域旅游发展的运作机制和工作方法,基本内容可概括为:一个主题,即以某个主题的旅游线路或旅游目的地为核心;三个主体,即政府、企业和居民,构成区域旅游发展的实施者和参与者;三个板块,即旅游景区、旅游城镇和旅游通道,构成区域旅游发展范围。最终实现是推动区域旅游的整体发展。旅游线路统筹的具体内容可以用"一三三"来概括。

(一)一个主题

"一"是一个主题,以打造某个主题的旅游线路或旅游目的地为核心。这一主题既可以是一条旅游精品线路,也可以是一个旅游目的地。无论从旅游供给角度还是旅游需求角度,旅游产业的发展都以资源为基础,必须以资源为核心整合区域资源和要素,打破行政和地理界限,而这个核心就是旅游线路或旅游目的地。

(二)三个主体

三个主体是解决旅游线路统筹"谁实施"的问题。区域旅游发展中三个主要的实施者和参与者包括政府、企业和居民。

政府是旅游线路统筹实施的行政主体;企业是旅游线路统筹实施的市场主体;居民是旅游线路统筹实施的人文主体。三个主体互相促进,互相补充,互相监督,共同推进旅游线路统筹,实现旅游线路沿线经济社会协调发展。

(三)三个板块

旅游线路统筹的三个板块:旅游景区、旅游城镇、旅游通道,既是旅游线路统筹的三个客体,又是旅游线路统筹的实施范围。

旅游景区是吸引游客的核心吸引物,是旅游线路统筹的核心内容;旅游城镇不仅是集中提供旅游要素配套服务的场所,是旅游目的地体系中的主要支撑体系和主要集散地,同时还可以是旅游观光与休闲体验的重要旅游目的地;旅游通道是联结各旅游城镇、旅游景区的纽带,是旅游线路或旅游目的地可进入性的基本保障。三大板块构成旅游线路统筹的有机整体。

第三节 旅游线路的特点

一、高组合性

旅游者的旅游活动具有综合性,涉及旅游者的正常生理需求和旅游需求。这要求旅行社提供的产品即旅游线路必须是涵盖食、宿、行、游、购、娱六大要素的综合性产品,甚至还包括旅游目的地接待游客的硬件环境和社会软环境。旅行社在设计旅游线路时,必须按照旅游者的各方面需求,进行产品组合。

二、易受影响性

旅游线路的易受影响性是旅游线路的一个重要特点。它是指旅行社在生产和销售旅游线路的过程中容易受到各种因素的影响,从而影响到旅游者对旅行社产品的需求,进而影响到旅行社的经营。比如,2004年东南亚海啸给整个东南亚的旅游业带来灭顶之灾。2008年5月12日的突如其来的汶川大地震,造成了成都—都江堰—九寨沟旅游线路的停运。2010年,中日关系的紧张则造成了中国赴日旅游游客锐减。

三、季节性与不可储存性

由于旅游线路的销售存在明显的淡、旺季之分,又由于旅游线路主要是通过服务来满足游客需要,只有当游客购买并消费时,旅游资源、设施与服务相结合的旅游线路才得以存在,所以旅游线路具有不可储存性,这意味着机不可失,时不再来。于是一到旅游旺季时大家一拥而上,几乎所有旅行社都采取各种各样的降价销售措施,降价幅度有时远远超过了正常季节折扣的范畴,这是恶性价格竞争的导火索。

四、可替代性

不同的旅游线路之间的替代性很强,日益增多的旅游线路的数量和类型使旅游者有了更多的选择余地,从而增加了其选择的随机性。比如,观赏薰衣草最好的目的地是法国的普罗旺斯,但是如果因为经济的问题不能够成行,价格相对低廉的日本北海道就是一个不错的替代性目的地。如果你因为旅途遥远,而遗憾无法去夏威夷度假时,三亚热带海滨就是一个不错的替代性选择目的地。

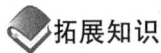 拓展知识

旅行社产品的内涵

旅行社产品的内涵可以从两方面来把握:一方面,从产品的消费者角度,旅行社产品是指旅游者通过购买旅行社所提供的服务,所获得的一次旅游全程的经历;另一方面,从产品的生产者角度,旅行社产品是旅行社为满足旅游者的需要而提供的各种旅游服务及相关物质条件的总和。

旅游者为了获得旅游经历,必须按照旅行社与其达成的旅游合同上的价格,向旅行社支付旅游费用,而旅行社则按照合同规定的服务标准,向旅游者提供为实现旅游者的旅游经历所必需的各种旅游服务。在这些服务中,既包括直接提供的旅游接待服务,也包括旅行社为旅游者安排的旅游过程中住宿、交通、游览、餐饮、购物、娱乐等活动而向其他旅游企业和相关企业、部门所采购的各种旅游服务。

第四节 旅游线路的类型

一、按照旅游者的组织形式分类

(一)包价旅游线路

包价旅游是目前我国游客出行的主要形式,包价旅游线路也是旅行社最常态的旅游产品。

根据市场需求的不同,包价旅游分为团体综合服务包价旅游和散客综合服务包价旅游。

(二)组合式旅游线路

组合式旅游线路,是指整个旅行设计有几种分段组合线路,游客可以自己选择和拼合,并且在旅行中可以改变原有分段选择。

(三)自助式旅游线路

自助式旅游线路,是指由旅游者自己设计的旅游线路,旅行社负责线路实施中游客的各项服务需求。

二、按旅游活动的性质分类

大致可分为游览观光型、休闲度假型、专题型、会议奖励型旅游线路等。不同性质的旅游线路在组织上有不同的特点。

(一)游览观光型

游览观光是典型的大众旅游,最基础、层次也最低,但市场占有率最高。

(二)休闲度假型

休闲度假型线路多用于满足游客休息、度假的需要,旅游线路串联的旅游点少(一般只有1~2个),而游客在每个旅游点停留的时间长,旅游线路重复利用的可能性高,因此,对旅行社而言旅游线路成本较低,利润较高。旅游线路的设计也要简单、经济得多。

(三)专题型

专题型线路也称为主题型旅游线路,这是一种以某一主题内容为基本思路串联各点而成的旅游线路。全线各点的旅游景物(或活动)有比较专一的内容或同属性,因而具有较强的文化性、知识性或趣味性。由于各条线路的主题多种多样,因而受到不同兴趣爱好者的欢迎。

(四)会议奖励型

会议及奖励旅游主要包括会议旅游和奖励旅游两个部分。会议旅游是指企业到旅游目的地召开会议,既是与会员工的一种休闲活动,也是一种会议形式;奖励旅游是企业为了对有优良工作业绩的员工进行奖励,组织员工进行的旅游。此类型旅游的线路要求设计的过程中既重视会议的设施需求,又注重满足游客休息度假的需要。

三、按旅游线路的距离分类

根据旅游者在旅游过程中的位移距离及活动范围,旅游线路可分为短程旅游线路、中程旅游线路和远程旅游线路。

(一)短程旅游线路

短程旅游线路游览距离较短,活动范围较小,一般多为到周边的城镇、远郊旅游。这类旅游线路与一日游线路经常是重合的。例如,郑州市的金鹭鸵鸟园专线、巩义浮戏山专线等,都是市区游或近郊游。

(二) 中程旅游线路

中程旅游线路游览距离较远，活动范围一般在一个省级旅游区以内或跨省级旅游区的周边地区，如郑州—王莽岭—皇城相府线路即属此类。

(三) 远程旅游线路

远程旅游线路游览距离长，旅游者活动范围大，一般指国内跨省级旅游区范围以上，包括海外旅游线路、边境旅游线路。

四、根据旅游者在旅游过程中的活动轨迹分类

(一) 巡游型线路

巡游型线路即观光周游型旅游线路，其特点在于旅游的目的是观赏，线路中常包括有多个旅游目的地，从经济角度而言，巡游型线路成本较高，而同一位旅游者重复选择同一条线路的可能性较小。

(二) 常驻型线路

常驻型线路即度假逗留型旅游线路，其特点是线路中包含的旅游目的地数量相对较少，旅游的目的多是度假，主要在于休息或娱乐，不在乎景观的多样或变化，因此度假线路所串联的旅游目的地较少，日均消费额高。常驻型旅游线路的设计要比巡游型相对简单、经济一些。

五、按旅游线路的空间布局形态分类

(一) 两点往返式

两点往返式，在远距离旅游时主要表现为乘坐飞机往返于两个旅游城市之间；若在旅游城市内，则表现为住地与景点的单线联结，此种线路易使旅游者感到乏味。比如，郑州—大连，大连—郑州。

(二) 单通道式

此类线路，远距离以乘火车进行旅游为典型；在旅游城市中，则表现为若干景点被一条旅游线路串联，旅游者一路上可以观赏不同的旅游项目。如铁路部门开行的郑州—厦门的旅游专列，一路上既能感受到京九铁路沿线老区的红色革命精神，又能观赏到武夷山的婀娜多姿。

(三) 环通道式

该类线路是上述单通道式旅游线路的变化形式，由于此种线路没有重复道路，基本不走"回头路"，接触的景观景点也较多，旅游者会感到游览行程最划算。比如，郑州—洛阳—登封—开封—郑州。

(四) 单枢纽式

该类线路以一个旅游城市(镇)为核心，其他所有旅游目的地都与之联结，形

成一个辐射状联络体系,其特点是有明显的集散地,便于服务设施的集中和发挥规模效益。旅游者选择一个中心城市为"节点",然后以此为中心向四周旅游点作往返性的短途旅游(大多为一日游)。比如,郑州—云台山、郑州—开封、郑州—洛阳、郑州—登封,这些线路中郑州即为处于节点的中心城市。

(五)多枢纽式

该类线路以若干个重要的旅游城市(镇)为枢纽联结其他的旅游目的地,几个枢纽旅游城市(镇)间有线路直接相连,该线型一般运用于旅游大区,这种分散客流聚集点的方式有利于缓解某一枢纽在旅游高峰时的承载压力。例如,"济南—青岛—大连"旅游线路就有多个枢纽旅游城市,在一定程度上缓解了山东半岛、辽东半岛的客流压力。

六、按旅游线路的全程计算旅游时间分类

可分为一日旅游、二日旅游线路、三日旅游线路和多日旅游线路。

第五节 旅游线路规划与设计的理论基础

一、旅游线路规划与设计的指导思想

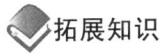拓展知识

《非诚勿扰2》展现"北京旅游元素"

继第一次成功经验之后,《非诚勿扰2》的制作拍摄再一次展现"旅游元素"。该片导演冯小刚介绍,影片中由葛优扮演的男主角秦奋当上电视台"带你玩"的栏目主持人,电影在诙谐幽默的情节中展示了北京慕田峪长城、潭柘寺、欢乐谷、紫竹院、"798"艺术区等旅游景点的特色。

(摘自新华网北京频道)

(一)创新意识

旅游市场具有不稳定性和可选择性。因此,旅游线路的设计要随着市场的不断变化而不断创新,才能使旅游线路具有强大的吸引力和生命力。旅游线路的设计在适应旅游产品不断变化情况下要不断创新,对传统路线应该有所改进和突破;对旅游资源、旅游交通、旅游餐饮、旅游娱乐等要素进行新的组合,实现旅游线路的可持续发展。

创新是企业进步的灵魂,旅游是一项充满憧憬、创意的文化活动,必须以观念创新推动旅游产品的开发。在旅游线路设计中,要按照全面创新的战略要求,用新的思维理念开发旅游产品。

1. 观念创新

要树立符合时代特征和市场方向的旅游资源观、产业观和发展观,把观念创新提升到战略层面,形成思路、规划、项目、资金、建设、效益、发展的良性循环格局。在开发实践中坚持"先规划、后开发"和"统一规划,滚动开发"的方针,通过开展国内、国际合作等形式,提高开发项目规划的水平,为高水准开发旅游资源,建设旅游精品线路打好基础。

2. 策划创新

旅游线路设计的策划要有创新意识,其核心是要把旅游资源转变为旅游产品。这就要求开发者立足现有的旅游资源,精心搞好策划,深挖文化内涵,张扬本土个性。

例如,传统的华东五市旅游线路是中国江南旅游的经典旅游线路,2010年上海世博会的召开,给它注入了新的活力,很多旅行社在传统的华东线路基础之上融入了世博会元素,效果非常明显。

又如,郑州某旅行社针对社会上"剩男剩女"大龄青年的婚姻问题越来越突出的现象,借助当地电视台情感类节目,在农历的七月初七——"牛郎织女鹊桥相会"的日子,策划了大型单身男女旅游交友活动,一时间盛况空前,取得了良好的社会效益与经济效益。

3. 表现创新

特色旅游线路要有合理的表现形式。既要根据旅游资源特色和不同的消费市场,开发出集展示性、表演性、参与性(体验性)于一体的旅游精品线路;又要注重文化延伸,开发丰富多样的旅游商品与旅游活动,拉长旅游产品(产业)链,使旅游产品在表现形式上具有协调性、多样性和创新性。

当然,旅游线路开发还必须具备相应的主题。从发展趋势看,产品主题越鲜明、越典型集中、越富有层次感,就越有利于展示和设计,使其内涵得到充分发挥,得到旅游者的青睐。

(二) 依托城市

一个地区除了旅游资源之外,基础设施、旅游接待设施以及旅游交通的可进入性也是影响旅游业发展的关键因素。这些因素要依托于一定的城镇体系,在旅游线路中起着骨架支撑作用。旅游线路不能够脱离旅游中心。目前,我国的旅游区与依托城市之间的关系有以下几种:

(1) 资源优良、区位条件与区域经济基础均较好,如华东五市旅游线路属于此类型代表。

(2) 资源品位高，区位条件和经济条件差，如成都、乐山、都江堰属于此类型代表。

(3) 资源品位较差，区位与经济条件好，如广州、深圳、珠海属于此类型代表。

(三) 区域协作

旅游是一种空间消费行为，旅游产业具有强烈的地域关联性。多个区域的协作能够使旅游资源互补，并且可以互相输送客源。因而旅游线路的设计要有"大环线"的思想，把具有同一特质的一定区域资源进行整合，显现出强大的生命力。广州某知名旅行社主推的"西部假期"品牌，就很好地利用了自己的组团能力以及西部地区丰富的旅游资源的优势，成为区域合作的成功案例。

旅游线路的理想模式是：旅途时间短、游览时间长，人在景中行，景在游览线路旁。在具体的旅游线路的组合与设计中，应该以区域旅游为主。为了串联更多的景点，又避免线路重复，以最大限度满足游客观景和享受的需要，旅游线路必须与既定的旅游网络格局相配套。在一定范围内，依赖方便舒适的游览线路将不同类型、各具特点的景区和景点联结成纵横交错、经纬交织的完整网络，从而构成合理而高效的旅游地域景区结构系统。

(四) 美学思想

旅游线路设计者必须了解游客的需求，即旅游者对景观的审美偏好、审美习惯，以最大限度满足旅游者的审美需要，进而获得社会的认可与回报。

旅游线路设计要在旅游资源中发现美，并按照美学原理创造美，使分散的美集中起来，形成相互联系的有机整体；使复杂、粗糙、原始的美经过开发而变得更纯粹、更精致、更典型，符合旅游者的审美要求；使易逝性的美经过创造和保护而流传久远。

(五) 生态观念

生态旅游是经济发展、社会进步、环境价值的综合体现，是以良好生态环境为基础，保护环境、陶冶情操的高雅经济活动。生态旅游提倡的"认识自然、享受自然、保护自然"的旅游概念是新世纪旅游业发展的趋势。

二、旅游线路规划与设计的原则

(一) 市场需求

按照国际旅游业发展的经验，人均国内生产总值达到1000美元时，国内旅游业就会兴旺起来；达到3000美元时，就会出现到周边国家旅游的热潮。

目前我国人均GDP已超过1000美元，大众旅游兴起。国内旅游产须呈现出普遍化、消费化、集中化、组织化和多元化的特点。

成功的旅游线路设计必须首先对市场需求进行充分的调研，以市场为导向，预测市场需求的趋势与数量,分析旅游者的旅游动机,根据市场需求对原有的旅游线路进行加工、完善和升级,并开发出新的旅游线路满足游客的需要,以最大限度地满足需求,保持旅游线路对旅游者的持续吸引力。

(二)符合旅游者意愿和行为

1. 旅游体验效果递进

旅游者是旅游活动的主题,在设计与销售旅游线路时,必须以旅游者的意愿为出发点。旅游景点之间的距离要适中,旅游线路中的景点数量要适宜;同一线路的旅游点的游览顺序要科学,尽量避免走重复路线,各旅游景点特色差异突出。

在旅游线路设计时,必须充分考虑旅游者的心理和体能,并结合景观类型组合、排序等,使旅游活动安排做到劳逸结合、有张有弛,遵循体验效果递进原则。在交通合理方便的条件下,同一旅游线路旅游点的游览顺序应由吸引力一般的旅游点过渡到吸引力大的旅游点。把高质量的旅游景点放在后面,使旅游者的兴奋度一层一层地上升,在核心景点达到兴奋的顶点。

2. 新奇与熟悉相结合

旅游者的动机尽管多种多样,但究其共性都是猎奇。不过在新的环境中,一点熟悉的因素也没有,旅游者也要经历适应与熟悉的过程。

在组合旅游线路时,要正确处理熟悉与新奇的关系,使二者有机结合,才能使旅游者在旅游活动中既得到新奇的满足,又不产生陌生、孤独的感觉。这其中追求新奇应该占据主导地位。

(三)不重复

在设计旅游线路时,应慎重选择构成旅游线路的各个旅游景点,最佳旅游线路是由一些旅游依托地和尽可能多的、不同性质的旅游景点串联成的环形线路,尽量避免往返旅途重复,不使旅游者感觉时间和金钱的浪费。

当依托地周围的旅游景点之间的距离较远,而它们都与旅游依托地距离在行程一天之内时,为减少更换住宿地点的麻烦,增加游客的安全感,一般重返原住宿地过夜,然后前往其他旅游点,形成放射形旅游支线。

(四)多样化

组成旅游线路的各项内容,如旅游景点、旅游活动项目、餐饮、住宿、交通、服务接待的类型很多,完全有条件组合成多种类型的旅游线路以供市场选择。

任何一次旅游活动中交通费用和食宿费用均占很大比重,在具体旅游线路组合时,可以选择不同类型的旅游景点和不同等级的宾馆,分别组合成不同档次的旅游线路供游客选择,以供不同经济水平的游客进行选择。

(五)时间合理性

旅游线路时间安排是否合理,首先要看旅游线路上的各项活动内容所用的时间是否合理;其次要在旅游者优先的旅游时间内,尽量利用快捷的交通工具,缩短单纯的交通运输时间,以争取更多的游览时间,减轻游客的旅途劳累。

在旅游消费过程中,以时间为序的各项空间活动的准时性,是反映旅游业管理水平的重要标志之一。

(六)主题突出

主题和特色可以使旅游线路充满魅力,具有强大的竞争力和生命力。近几年,个性化旅游的需求也推动着旅游走向主体化。

旅游线路的主题或特色的形成,主要依靠将性质或形式有内在联系的旅游点串联起来,并在旅游六要素方面选择与此相适应的形式。

比如,河南推出主题旅游线路就有"大黄河之旅"、"红色旅游线路"、"三国旅游线路"、"府衙旅游线路"、"寻根旅游线路"、"姓氏旅游线路"、"成语典故旅游线路"等。

(七)旅游交通安排合理

交通选择以迅速、舒适、安全、方便为基本标准,与旅程的主题结合,减少候车时间。一次完整的旅游活动,其空间移动分三个阶段:从常住地到旅游地、在旅游地各景区旅行游览、从旅游地返回常住地。这三个阶段可以概括为:进得去、散得开、出得来。

没有通达的交通,就不能保证游客空间移动的顺利进行,会出现交通环节上的压客现象,有时甚至出现即使是徒步旅游走不动的情况。因此在设计线路时,即便具有很大潜力,但目前不具备交通要求或交通条件不佳的景点、景区也应慎重考虑。否则,因交通因素导致游客途中颠簸,在路途中耽误时间长,影响旅游者的兴致与心情,不能充分实现时间价值。

目前,现代交通工具日新月异,如果能够很好地利用现代交通工具并将其融入到旅游线路之中,让游客在旅游活动中体验到高铁、飞机、游轮等多种交通工具的不同,相信游客的满意度将会大幅提升。

(八)旅途安全

安全是旅游活动中最重要的、最基本的需求。常见的旅游安全事故主要有交通事故、治安事故(盗窃、行凶、抢劫、诈骗等)、不可控制灾难、突发事件等。

三、旅游线路(产品)规划与设计研究述评

旅游产品是指旅行社为满足旅游者在旅游过程中的需要而向旅游者销售的所有服务和产品。旅游产品是由多种因素组合起来的特殊产品,由食、住、行、游、购、娱六大要素构成,并贯穿于整个旅游活动中。旅游产品是旅行社竞争的核心,旅游产品开发设计对于旅行社来说是至关重要的。

(一)我国旅游线路(产品)设计中存在的问题

1. 旅游产品形式过于单一

旅行社向游客提供的旅游产品,主要是"团体、包价、观光、标准"等旅游产品,散客游产品所占比例很小;包价旅游产品以全包价为主,灵活包价和单项服务的所占比例很小;消费档次上以标准等为主,豪华等和经济等所占比例很小;旅游以观光为主,其他形式的旅游所占比例很小,旅游产品结构比较单一,难以满足旅游者多样化需求。

2. 旅游产品设计层次低

首先,我国的观光产品在国际市场上还处于初级开发水平,高质量的观光旅游产品应突出游客的参与性、娱乐性、知识性和享受性,这几方面在我国观光旅游产品开发中没有得到充分体现。其次,度假旅游产品、商务旅游产品等其他旅游产品开发的水平也同样存在着差距。最后,旅行社旅游产品技术含量低,容易被抄袭。

3. 旅游线路设计流程不规范

目前,我国旅游线路设计还没有规范化,没有形成相对成熟的流程,现有流程对旅行社旅游线路设计的现实指导意义不强。在旅游线路设计方面,大多数旅行社多是从旅行社自身经济利益出发,出于节约成本的考虑,多采用"跟风"的形式来设计旅游线路。这种方式虽然能在较短时间内带来可观的经济收益,但这种短视行为也使得旅游线路的生命周期短,同时也导致了不同旅行社之间的旅游线路相似度很高,差异性很小,造成旅行社之间的竞争日趋激烈。

4. 旅游线路设计重点需调整

与西方国家相比,我国旅游线路设计流程中的侧重点还存在偏颇:一是我国旅行社对市场调研很不重视。以"夏季旅游项目时间表"为例,西方国家旅行社设计一条夏季旅游线路的时间长达 20 个月,其中市场调研所花费的时间近 7 个月,而我们的旅行社轻调研、重市场。实践证明,没有经过详细市场调查而生产的产品很难取得预期的收益。二是在旅游线路投放市场、开展促销方面,我国旅行社采用的手段多为打价格战,很多市场营销的手段还没体现出来。三是宣传资料的设计有待进一步的完善。我国旅行社宣传品缺乏对旅游细节的描述,这使得宣传品的可信度大大降低。

5. 旅游线路缺乏特色

当今旅游者的需求越来越多样化,旅游者希望通过参加具有鲜明特色的旅游活动来体现自己的个性。目前我国旅行社的旅游产品中,有特色的旅游产品很少,大多数无差别、无特色,众多旅行社经营的产品千篇一律,加剧了市场竞争,尤其是恶性价格竞争。

第一章 导论

6. 品牌意识淡漠

品牌是竞争的核心。对于生产者来说,品牌有助于他们区分不同产品和进行产品介绍、促销,也有助于培育回头客并在此基础上形成顾客的忠诚。对于购买者来说,品牌可以帮助他们识别、选择和评价不同生产者生产的产品,并可以通过对旅游产品品牌的选择来获得旅游活动的最大满足感。目前,旅行社普遍不重视品牌企业、品牌产品的创立,整个旅行社行业品牌企业所占的比例很小,品牌产品也为数不多,不利于旅行社增强市场竞争力。

7. 不以游客为中心

游客应该是旅游线路设计的主体。我们设计的旅游线路只有一个目的,那就是让游客满意。但是长期以来,我国的旅游线路设计始终是以旅行社为中心,基本很少考虑游客的需求,旅行社凭自己的想象揣摩游客的需求。这也就很容易理解,为什么旅行社费了很大人力、财力、物力设计出的旅游线路产品,却得不到游客的认可,是典型的"出力不讨好"。

(二) 中西方旅游线路设计比较

1. 西方旅游线路设计与生产流程

在西方,旅游线路的设计与生产的任务主要由旅游经营商负责。通过多年的经营与发展,旅游经营商无论是在实力,还是在经验上都比较成熟,在线路的设计与生产中已经形成了一套比较规范的流程,大致分为四个阶段:

一是市场调研阶段。西方国家旅行社特别重视对旅游市场的调查。市场调研是任何旅游线路设计的开始,与其他产品相比,旅游线路更容易受不断变化的环境因素的影响,而市场调研可以在很大程度上减少这些不确定性对旅行社的影响。调查重点包括旅游者的消费趋势与外部环境趋势的调查。

二是产品计划。根据调查结果,制订出旅游线路的详细计划,包括目的地的选择、每个旅游团接待量的确定、行团时间以及行程设计、城市间交通方式、交通工具选择等方面。

三是谈判与定价。一旦旅游目的地、旅游季节、行程日期确定后,旅行社就需要与相关的旅游企业进行谈判直至最后签约。

四是宣传手册的制定。在西方,宣传手册被视为旅行社最为重要的营销工具,因此,宣传品的设计至关重要,要把线路所涉及的内容都鲜明地囊括在宣传手册中。

2. 我国旅游线路设计与生产流程

与西方国家相比较,我国旅游产品设计与生产过程比较简单,旅游线路的设计还没有形成一套比较规范的流程,常见的有以下几种:

①确定目的地—选择地接社—确定价格—市场营销。

②创意阶段—选择阶段—产品研制阶段—产品试销阶段。

③产品设计方案的拟订与选择—试产与试销—投入市场—检查与评价。

我国旅游线路设计流程体现出旅游线路设计的理论在指导实践方面尚显不足,这主要是因为在研究方法上,我国旅游线路设计的研究多采取个案研究方式,缺乏共性和一般规律性研究,对旅游线路设计的现实指导意义不强。

(三) 我国旅游线路(产品)设计对策

1. 充分认识旅游产品开发的重要性

旅游行政管理部门和旅行社要充分认识旅游产品开发的重要性。旅游产品设计开发的意义具体表现在以下三个方面:

第一,旅游资源的开发最终体现在旅游产品上,旅游资源优势能否转化为产品优势,与旅游产品开发合理与否密切相关。

第二,稳中有增的客源是旅游发展壮大的前提和基础,开发具有强大吸引力的旅游产品是吸引游客的主要载体。尤其我国加入世贸组织后,随着外资旅行社进入门槛的降低,旅游市场的竞争日趋激烈,旅游要想抢占市场,关键在于其设计的旅游产品能否迎合游客的需要,能否打动游客的心。

第三,随着人们对旅游产品需求出现多样化、专业化、个性化的趋势,旅游产品设计开发要迎合这种趋势的变化而变化,重视旅游产品的设计开发,开发出多样化、个性化的旅游产品。

2. 注重市场调研

与西方旅游发达国家旅行社相比,我国旅行社在产品设计与生产过程中最不足的就是不进行或不注重市场调研。我国的旅行社推出旅游产品的根据往往是经营者的主观判断,而且只是一味追求短期的经济效益,其原因在于对旅游产品市场调查重视程度不够。旅行社只要做好充分的市场调研,把握市场需求的动态,就能有针对性地开发出适销对路的产品。

旅游产品的设计不是孤立的,在具体操作过程中也不能孤立地谈产品设计,而要把它与市场调研、可行性相结合。进行市场调研工作有助于分析旅游市场动态,细分市场,进而有的放矢地进行旅游产品设计开发。旅行社只有进行大量的市场调研,抓住转瞬即逝的市场契机,才能设计出为广大旅游者所接受的旅游产品。不进行市场调研就开发旅游产品,其结果必然是不被市场接受。

3. 重视旅游线路品牌的建设

旅游线路是服务产品,服务性产品的无形性使得其品牌化变得比较困难;同时,旅行社经营活动中对大量公用物品的依赖性进一步提高了其产品品牌化的难度。所以,旅游线路的品牌化建设不是一朝一夕能够完成的,需要长久的努力。这就要求旅行社树立品牌意识,尽快建立起品牌线路并加以保护。一旦旅游线路的品牌建立起来,将会大大降低旅游者搜寻旅游产品的成本,也有利于旅行社保持和吸引旅游目标市场。

4. 注重产品种类与深度开发

旅游线路的开发关系到旅行社未来的发展,在开发时一定要慎重,要从长远考虑,在实际经营过程中不断创新线路,丰富线路种类,对已有线路根据市场需求进行改良、更新。总之,线路一旦开发出来,就要有长久经营下去的打算。

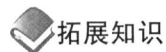拓展知识

深度旅游

西方旅游界把这种一次外出只选择一个地方,而不是在一个相对有限的时段内跑数个景点的旅游,叫深度旅游。深度旅游,也称深度游,与观光游、印象游相比,它不是走马观花,也不是留影到此一游。当然,深度旅游不只是时间长短的问题,是指游览者在做了大量的调查后,通过旅游去触碰文化、感悟历史、探寻神秘、增长阅历、调养性情、提升境界,有机会自觉、自主地与当地社会和民众进行接触和交流。旅游者可以细细品味旅游地的历史及风情,有更多的时间和机会涉猎当地的风土人情与日常生活,体验到当地的人文特色、生活习俗。旅游者在深度旅游中,不仅能放松心情,还有新的观察、新的体验。

5. 重视旅游线路中人文精神的体现

随着我国旅行社行业对外开放步伐的加快,境外旅游线路设计和咨询公司将会越来越多地介入我国旅游线路设计领域中,中外同行的竞争态势将更加明显,国外的先进理念对我们也是一种冲击。根据国外旅游线路设计研究的历程推测,未来我国旅游线路设计理念将会更加重视人文精神,更加重视人的参与、体验性,生态旅游、可替代性旅游将是未来发展的重点。因此,旅游线路的设计也要考虑到这一点,顺应潮流,体现出可持续发展的理念。

6. 重视旅游线路专营权的归属

目前,旅游线路的开发设计在很大程度上是以旅行社的意志为核心的,大部分旅行社都是从经济利益出发,设计的产品具有短期性和盲目性,缺乏长远的打算。而且因为旅游线路易于被模仿又缺乏保护,也打击了旅行社开发新线路的积极性。为了鼓励新线路的开发,同时也能保护旅行社的利益,业界提出要重视旅游线路专营权的归属,即旅游线路专营。

作为一种新型的经营方式,旅游线路专营权可以保证旅游线路的价格,减少线路开发中的外部经济问题,同时保证开发者对这条线路的专营权,保障开发者的利益。但专家们同时也担心,在旅游旺季时,旅游线路专营性契约的有效性会降低,

从而使开发者的实际利益难以得到保障。旅游线路产权的归属问题应是一个值得重视和深入研究的问题。

7. 加快配套设施建设

旅游产品是由诸多要素组合而成的产品，其中主要包括"吃、住、行、游、购、娱"六大要素。配套设施建设的滞后直接影响旅游产品的质量。目前我国有些经济欠发达地区旅游发展比较落后，可进入性较差，游客将大量时间花费在"行"上，浪费了宝贵时间，安全得不到保障。

一些地区旅游产品的其他配套设施也不完善，如酒店结构不合理，不能满足不同消费层次旅游者的需要，季节性供求矛盾突出；旅游景点的开发不合理，参观游览的条件较差，旅游购物场所建设滞后，旅游商品开发不足；娱乐设施的安全性令人担忧，旅游者的人身安全得不到很好的保障。因此，要加强旅游产品配套设施的建设，就要从吃、住、行、游、购、娱六方面着手，完善旅游产品的整体性，从总体上提高旅游产品的质量。只有把旅游产品的配套设施完善好，才能提高旅游产品的整体吸引力，以至提高整个旅游行业的全面发展。

8. 开发新品种以改善旅游产品结构

目前，我国的旅游产品设计主要以观光旅游为主，其他旅游如度假旅游、商务旅游、休闲旅游、会议旅游等都没有进行深入的开发，对于这些旅游产品，经营者也没有给予足够的重视。随着旅游者需求的多样化，旅游活动的经营者提供的旅游产品必须要能迎合游客多样化的需求。针对不同的目标市场，要提供他们所需要的旅游产品，也可以向不同的目标市场提供同一类型的旅游产品，以满足他们在某一方面的共同需求。目前旅游市场所提供的旅游产品呈现出类型单一、结构重复，在市场中主要以低价格作为竞争手段的特点。

因此，针对目前的市场状况，旅行社只有开发新的旅游产品，设计出其他类型的旅游产品，改变目前以观光游为主的市场现状，以迎合旅游者的多种需求，才能在市场中赢得游客、赢得市场。只有不断地开发新产品，才能不断满足游客的需求；只有改善旅游产品的结构，才可以满足游客多样化的需求，才可以在市场中赢得自己的市场份额，不被市场所淘汰。

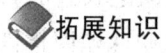 拓展知识

国家旅游线路

国家旅游线路是指国家旅游局为引导海内外游客旅游流向，打造出一批国家级旅游热点线路、热点地区和热点产品，形成若干新的旅游消费热点，而推出的精品旅游指导路线。

按照典型性强、知名度大、交通通达、跨越多省等条件,中国国家旅游线路首批推出的备选名单有12条线路,分别是"丝绸之路"、"香格里拉"、"长江三峡"、"青藏铁路"、"万里长城"、"京杭大运河"、"红军长征"、"松花江—鸭绿江"、"黄河文明"、"长江中下游"、"京(西安)沪桂广"、"滨海度假"。据悉,国家旅游局对符合条件、广泛认同的线路,将分批次推出。

(整理自百度百科)

 思考与练习

一、名词解释

旅游线路

二、简答题

1. 旅行社产品的特点有哪些?

2. 旅游线路按照空间布局分为哪些类型?请各列举一个实例。

三、案例分析

"我的个性假期"设计及旅游线路评选邀您参加

假日期间,您想到省内的哪些景区景点游玩?怎样选择线路?即日起,河南省旅游局与《大河报》联合推出60条"一至二日游"基础旅游线路评选活动,并同时开展"我的个性假期"旅游线路设计活动,将为您提供出游线路,并由您自己设计线路,体现个性化旅游。本次活动的目的是为了有效开拓市场,使河南旅游产品的编排更具针对性、实用性和可操作性,吸引更大范围的游客游览河南,让全省亿万公众熟知本省旅游产品,并由公众参与设计我省旅游产品线路。此次推出的60条"一至二日游"基础旅游线路,均以省内各中心城市为出发点编制而成,您可从中选择自己心目中"最喜欢的线路"。此外,您还可以根据我们提供的60条基础线路,按照我们的相关要求,设计您自己的"三至七日游"行程,体现自己个性化的旅游方式。(来自2010年1月12日《大河报》)

讨论:

1. 请分析《大河报》与河南省旅游局联合开展此项活动的社会背景有哪些?

2. 你认为公众参与到旅游线路设计活动中会起到什么样的作用?

四、实训项目

通过市场调查,了解河南省旅游线路的现状,并找到亟待解决的问题。

第二章 旅游线路设计的应用

引言

旅游线路设计是一个复杂、技术含量很高的过程,牵涉到各行各业,本章的内容主要是按照吃、住、行、游、购、娱六大元素在旅游线路设计中需要考虑的问题展开,进行了各项标准的剖析,对线路设计的实操具有重要的意义。

学习目标

1. 能够根据不同类型游客的需求熟练组合旅游六大元素
2. 能够运用所学知识分析旅游线路六大元素组合的科学性
3. 掌握旅游六大元素在旅游线路设计中的作用

第一节 旅游线路与餐饮的组合

旅游的六要素"吃、住、行、游、购、娱"中,"吃"是最基本的需求,能否让游客在旅途中"吃饱、吃好、吃出特色",将直接影响到导游工作的开展是否顺利以及游客对旅行社的评价高低。因此,餐饮组合是旅游线路设计重点研究的内容。

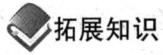

中国八大菜系

中国菜肴在烹饪中有许多流派,其中最有影响和代表性的也为社会所公认的有鲁、川、粤、闽、苏、浙、湘、徽等菜系,即人们常说的中国"八大菜系"。

(整理自百度百科)

一、饮食组合的基本内容

旅游团队餐分早餐和正餐，正餐包括中餐和晚餐。下面为1994年6月10日由国家旅游局制定颁布的国家旅游局关于加强旅行团餐饮质量管理的意见（由于旅游行业发展迅速，此意见已于2001年12月31日废止，国家旅游局正在酝酿新的标准，此处仅供参考）。

（1）早餐含在房费中，早餐订餐标准由旅行社和饭店签订住房的合同时一并签订。中式早餐应为30～40元，西式早餐应为45～90元。三星级以上饭店可采用自助餐方式供应早餐。

（2）午晚餐为正餐，对订餐标准较高的旅游团队应尽量安排在就餐环境相适应的饭店用餐。

①经济等旅游团队：每人每顿正餐的订餐标准应不低于30元。

应提供的餐饮标准为每餐每桌四冷、五热、一汤加水果和茶水、橘子水等软饮料。四冷盘是二荤二素，五热应包括三个全荤菜肴，一个荤素搭配菜肴和一个全素菜。

②标准等旅游团队：每人每顿正餐的订餐标准应为40～45元。

应提供的餐饮标准为每餐每桌四冷、四热、一汤加水果和茶水、橘子水等软饮料。在经济等旅游团队的供餐基础上增加一个荤素搭配菜肴，其余相同。

③豪华等旅游团队：每人每顿正餐的订餐标准应为65～75元。

应提供的餐饮标准为每餐每桌四冷、八热、一汤加水果和啤酒、茶水、橘子水等酒水。其中八热为五个全荤菜肴，二个荤素搭配菜肴，一个全素菜肴。

④风味餐：风味餐为旅游团队餐的最高级别，每人每餐的订餐标准应为85元以上。

除提供与豪华团相同的菜式外，要增加葡萄酒，并采用分菜式的宴会服务方式。

（3）冷盘要使用7寸盘，热菜要使用1.2尺盘，不得以小盘或大盘少菜的办法克扣。

二、旅游者对饮食组合的要求

（一）融入地方特色

猎奇心理是旅游产生的原动力之一，旅游景点的魅力之一就是在旅途的前方永远有你未曾尝过的美食。特色餐饮今后将成为旅游中的主要餐饮方式。

特色餐饮是以民俗、民族、土特产、郊野化、农家化为特点的餐饮，有较深的地方烙印。草原上的篝火晚餐、北戴河的海鲜大排档、BBQ（野外烧烤）、民族家庭餐、西安的大唐盛宴、开封的小笼包子等,是游客最难忘的特色餐饮。特色餐饮一般成本较低,但附加值高,并可与购物等联动,成为旅游业的主要收入来源。

(二)考虑团队特殊要求

随着经济的发展,旅游团队的构成越来越多元化,妇女团队、银发团队、学生团队、宗教团队、残疾人团队层出不穷,这就要求旅行社在安排餐饮时结合每一个团的特殊要求,而不能千篇一律。比如,对于老年人团队可以适当增加蔬菜类、汤羹类的食品,对于女性比重大的团队如果注重清淡、美容养颜的菜肴,就会大受欢迎。

(三)体现餐饮的文化性

中国的饮食文化源远流长,历史悠久,独具特色。自古以来,我们的先人就把饮食列入文化艺术的范畴。人们不再满足于单纯的生理之欲,更要求色、香、味、形、器,甚至环境、礼仪、风俗等全方位的审美、协调,同时还与诗词歌赋、琴棋书画、音乐舞蹈、戏剧曲艺紧密结合,构成了一个深具东方特色的饮食文化氛围,成为古老华夏文明中的一朵奇葩,在中华文化中占有重要的地位。

饮食文化是中国博大精深的传统文化之一。在旅游业逐渐成为世界第一大朝阳产业的今天,研究和探讨如何开发利用饮食文化这一独特的旅游资源,对加快我国旅游业发展具有现实意义。

(四)用餐环境达标

旅游团需要长时间在外面用餐,为了保障旅途顺利,保证游客的身体健康,团队对于用餐的环境和饮食卫生标准要求比较高。国家旅游局对于团队用餐餐厅的环境标准有着严格和详细的规定。以下是旅游定点餐厅环境及设施标准:

(1)设计:服务流程合理、功能齐全。

(2)装修:装修典雅、风格独特。

(3)艺术品及绿化物:应与餐厅的设计装修协调。艺术品应无破损和变形,无污迹、无灰尘;绿化物修剪效果好、无枯枝败叶、无灰尘和杂物、防护措施有效、花木盆无破损。

(4)地面的保养和清洁状况:无破损、干净、整洁、无污迹、无杂物、无水迹(潮湿)、无异味。

(5)墙壁的保养和清洁状况:平整、无破损、干净、整洁、无污迹、无灰尘、无蛛网。

(6)天花板的保养和清洁状况:平整、无破损、无裂痕、无污迹、无灰尘、无蛛网、无水痕迹。

(7)门窗的保养和清洁状况:无破损、无变形、无裂痕、无明显划痕、无污迹、无灰尘、玻璃亮、无杂物。

(8)灯具的保养和清洁状况:能正常使用,无污迹、无灰尘。

(9)家具的保养和清洁状况：无破损、无明显变形、无明显烫迹、无脱漆、稳固、无污迹、无灰尘、无杂物、无水迹。

(10)餐具(包括调味口盅、牙签盅、烟灰缸等)：无破损。台布、口布的保养和清洁状况：无破损、无污迹、清洁卫生。

(11)空调设备的保养和清洁状况：风口无破损、分离式空调外观无明显破损，能正常使用，无灰尘、无异味、无油迹。

(12)艺术表演或背景音乐：艺术效果应与餐厅气氛协调。音响效果好，音质柔和。

(13)噪声：餐厅隔音效果好，无餐厅外部及厨房等的噪声干扰。

(14)温度：应控制在20℃～26℃内。

(15)空气清洁程度：无异味。

(16)"四害"的防治状况：器具齐全、药品投放合理、防范措施完备有效，无"四害"。

(17)客用卫生间及洁具的保养和清洁状况：无磨损、无破损、无滴漏、无堵塞、无污迹、无杂物、无异味。

(18)各类标志的保养和清洁状况：正规、完整、无褪色、无脱漆和锈痕、无污迹、无灰尘、金属部分光亮。

三、目前旅游餐饮存在的问题及原因

(一)目前中国旅行团餐饮质量方面存在的主要问题

(1)餐食的多样性太差。一是正餐菜品雷同，二是就餐方式雷同，都是传统的包桌包餐方式。这样的餐食无法满足不同游客的口味要求，更会使那些对中国饮食文化慕名已久的西方游客大失所望。

(2)饭菜量少，无特色。有的甚至吃不饱。

(3)餐食的质量较差。有的有异味、不新鲜、不卫生。

(4)餐馆的设施及餐具的完好程度和卫生状况不佳。如餐桌不洁、杯子有污迹、碗盘有残缺、地面有垃圾、餐厅有苍蝇等。

(二)造成旅行团餐饮质量下降的主要原因

(1)旅行社克扣旅行团的餐费，给餐馆的报价过低。近几年，国内物价上涨指数较大，加大了餐馆的经营成本，餐饮价格普遍大幅度上涨。而很多旅行社为了在激烈的竞争中保证一定的接团利润，就变相克扣旅行团的餐费，订餐标准基本没有什么变化。目前，旅行社给餐馆的团队便餐的报价标准一般为每人30～35元；订餐标准则降为25～30元。

(2)司陪人员吃喝占用，有的还向餐馆索要回扣和小费。在这种情况下，餐馆

为了保证自身的经济利益,便克扣游客。从而导致客人实际用餐质量更差。

(3)一些餐馆违反质价相符的原则,以高补低,严重挫伤高标准订餐旅行社的积极性,从而保护了恶性削价夺取客源的旅行社。

(4)有的餐馆内部管理上没有一套完整的保证体系,接待团队时无法提供有效的服务。

(5)旅游行政管理部门对社会餐馆的定点审批标准不明确,审批制度不严格,审批后的检查监督不得力。

四、旅游餐饮工作要求和国家标准

目前,在我国旅游业的吃、住、行、游、购、娱六要素中,总体服务质量有了一定的改善,有些方面能够符合国际旅游市场的要求。但六大要素之间却存在较大差距,其中,旅游团队餐饮质量差是重点问题之一,已对我国旅游声誉和烹饪王国的美称产生的一定的负面影响。

造成旅游团队餐饮质量低劣既有订餐标准低的原因,也有管理方面的原因。

为了改变目前的状况,有必要在旅游团队的订餐标准、提供餐食的数量和质量等方面提供一个参照系,并作为各级旅游行政管理部门对餐食质量进行检查、评比、排名、奖励的依据,引导全行业共同努力,提高旅游团队的餐饮质量。

(一)对旅行社的工作要求

(1)旅行社应根据物价指数的变化,相应提高对外报价。同时,应将定点餐厅的等级标准、类型和餐食质量标准及价格报出,供海外旅行商选择。

(2)旅行社和定点餐馆必须订立并遵守订餐合同。订餐合同中除标明价格标准外,还要有每餐的冷热菜道数、重量、质量,并标明是否含饮料和水果等。旅行社应强化质量监督意识,若所订餐食标准有变化,应书面通知餐馆,与餐馆确认,以保证客人的利益,结算单也必须注明餐食标准,以备查用。同时,旅行社还应配备专职或兼职的质量监督员,检查餐馆是否按合同规定提供餐饮服务。

(3)旅行社还要深化改革团队餐的就餐方式,不仅要完善传统的包桌包餐方式,而且要提倡自助式、半自助式及零点等多种就餐方式,以适应游客的不同需求,提高游客的满意度。

(4)加强旅行社内部的管理,全额拨付旅行团的餐费,禁止在餐费上做手脚。司陪人员带团用餐时,要按一定的标准支付餐费。

(二)对旅游定点餐馆的要求

(1)旅行团队餐饮的综合毛利率,按照社会用餐综合毛利率执行。

(2)对不同的订餐标准,要在用餐数量、质量以及上灶的厨师力量上区别对待,保证质价相符。严格禁止用高标准旅行团队餐费来补贴低标准团队。

（3）制定和完善旅行团定点餐馆的质量标准，建立餐馆服务质量保证体系，是保证团队餐饮质量的重要内容。目前，旅游定点餐馆的标准已经列入国家标准计划，在该标准未正式出台以前，先提出一套初步标准。这套标准是定点餐馆应遵循的最低质量标准，各定点餐馆都应成立质量监督小组，按此标准，逐条落实。并应定出奖惩标准，保证质量标准的落实。

（三）对各级旅游行政管理部门的要求

各级旅游行政管理部门要把提高团队餐饮质量作为工作的一个重点，加强管理。

（1）要把对旅行社和景点、餐馆、饭店的要求进行普遍宣传贯彻，并通过举办旅行社团队餐展示会等多种形式，加以推广。

（2）定期或不定期地对旅行社进行抽查。抽查时，应要求旅行社提供与境外旅行社的组团合同和订餐合同及与餐馆的结算单。若出现投诉，对不履行合同的任何一方均要追究责任，对不签订餐饮合同的，要同时追究旅行社和餐馆的责任。

（3）定期或不定期地对餐馆进行抽查。对餐饮质量低劣、质价不符、达不到定点餐馆质量标准的，要按照具体情况给予警告、通报、取消定点资格等不同程度的处理。

第二节　旅游线路与住宿的组合

一、现代酒店的分类

酒店业发展至今，真可谓名目繁多，应有尽有。由于历史的演变，传统的沿袭，地理位置与气候条件的差异，酒店用途、功能、设施的不同，世界各地的酒店种类繁多。按照传统分类法，酒店可分为四种类型。

（一）商务型酒店

所谓商务型酒店，就是为那些从事企业活动的商业旅游者提供住宿、膳食和商务活动及有关设施的酒店。

一般来讲，这类酒店位于城市中心或者交通枢纽地段，商客居住的时间大都在周一至周五。这是从事商务活动的时间，也是商业旅游者从事商务贸易的场所。周末是商务型游客的假日，因此很少来酒店订房、居住和办公。

商务型酒店的最大特点是回头客较多。因此，酒店的服务质量和服务水准要高，要为商务旅游者创造方便条件。酒店的设施要舒适、方便、安全，在这点上，商务型酒店更为明显。

世界国际酒店集团所属的酒店，绝大多数是商务型酒店。例如，纽约希尔顿酒店、芝加哥凯悦酒店、华盛顿马里奥特饭店、日本东京帝国酒店、郑州的中州皇冠假日酒店等都是典型的商务型酒店。

(二) 长住型酒店

长住型酒店主要为商客的一般性度假提供公寓生活,它被称之为公寓生活中心。长住型酒店主要是接待常住客人,这类酒店要求常住客人先与酒店签订一项协议书或合同,写明居住的时间和服务项目。

长住型酒店已被我国有些酒店视为"保底收入的一种有效做法"。目前,我国还没有那种纯粹的长住型酒店,只是部分居住了时间上为半年甚至一年以上的长住客人。我国有些酒店将其客房的一部分租给商社、公司,作为他们的办公地点、商业活动中心,形式为长住型酒店。

这些酒店都是向长住商客提供正常的酒店服务项目,包括客房服务、饮食服务、健身和康乐中心等项服务。长住型酒店也要提供比较现代化的电源设备、电传、电话,特别是海外直拨电话、传译。同时也要提供方便的交通、安静的住所。例如,郑州火车站附近的中原大厦就有很多长住型的客人。

(三) 度假型酒店

度假型酒店主要位于海滨、山城景点区或温泉附近。它离开嘈杂的城市繁华中心和大都市,但是交通要方便。度假型酒店除了提供一般酒店所应有的一切服务项目以外,最突出、最重要的项目便是它的康乐中心,因为它主要是为度假游客提供娱乐和度假场所。所以,度假型酒店的文娱、康体设施要完善,像高尔夫球场、保龄球、台球、网球、室内外游泳池、音乐酒吧、咖啡厅、舞厅、游艇、电子游戏以及美容中心和礼品商场,都是度假游客所关注的。再有"付费点播"电视也是十分重要的。

度假型酒店不仅要提供舒适、温馨的房间,令人眷恋的娱乐活动和康乐设施,同时要提供热情而快速敏捷的服务。

我国部分海滨城市有度假型酒店。如三亚、北戴河、青岛、大连、北海等地的酒店大多属于这一类型。它也是旅行社为游客主要采购的住宿产品类型。当然,内地很多地区利用独特的优势也建立了许多有特色的度假型酒店,如河南郑州的忆江南温泉酒店、许昌鄢陵的花都温泉酒店,都是游客非常喜欢的酒店。

(四) 会议型酒店

会议型酒店是专门为各种从事商务、贸易展览会、科学讲座会的商客提供住宿、膳食和展览厅、会议厅的一种特殊型酒店。会议酒店的设施不仅要舒适、方便,有温馨的客房和提供美味的各类餐厅,同时要有大小规格不等的会议室、谈判间、演讲厅、展览厅等,并且在这些会议室、谈判间里都要有良好的隔板装置和隔音设备。例如郑州的嵩山饭店、黄河迎宾馆等,都属于此类型的酒店。

拓展知识

国际青年旅舍联盟

国际青年旅舍联盟(INTERNATIONAL YOUTH HOSTEL FEDERATION,简称IYHF)成立于1932年,是联合国教科文组织成员,总部目前设在英国,并注册为一家非营利机构。其小屋及冷杉标志是经过联合国欧洲经济公署道路安全工作委员会允许后,进入国际公共交通标志系统的。而蓝三角加上小屋及冷杉更是一个世界性的品牌和注册商标。

青年旅舍向人们提供的不仅仅是一条干净的床单,它旨在提高对世界各族青少年的教育,鼓励他们更多地了解、热爱和关心郊野,以及欣赏世界各地的城市和乡村的文化。另外,提供没有种族、国籍、肤色、宗教、性别、阶层或政见区别的环境,以促进青少年对本国和国外更深的了解。

(整理自百度百科)

二、酒店计价方式

酒店计价,目前世界上比较常用的有五种方式:

(1)欧式计价(European Plan,简写 EP),只计房租,不包括餐饮费用。

(2)美式计价(American Plan,简写 AP),计算房租并包括三餐在内。此类型计价方式比较常见于食宿不方便的偏远景区或者有特殊用途的酒店。例如,中国的西藏自治区、美国的赌城拉斯维加斯。

(3)修正美式计价(Modified Plan,简写 MP),计算房租且包括两餐费用(早餐和在午餐和晚餐中选一餐)。

(4)欧陆式计价(Continental Plan,简写 CP),计算房租且包括欧陆式早餐费。

(5)百慕大计价(Bermuda Plan,简写 BP),计算房租:包括美式早餐餐费。

一般团体客人通过旅行社订房时,会在订房上注明计价方式,如果没有注明则均以欧式计价方式计算。客房预订在碰到团体客人订房时要特别加以注意,并在预订单上书写清楚。目前,我国比较常用的计价方式类似于欧陆式计价饭店,即报价含房租与一份早餐。

三、旅游团队对住宿的基本要求

(一)设施设备要完善

外出旅游的游客都是将酒店作为家外之家,因此希望酒店能够提供便捷舒适、

配套齐全的设施设备。长途跋涉后游客进到房间希望用热水洗个澡消除疲劳,炎热的夏季时游客渴望一进客房就能感受到清凉,冰天雪地的寒冬时游客返回酒店希望能够在游泳池做个温泉 SPA,当然早晚游客也很需要酒店提供性能良好的健身设备。

(二)酒店布置要突出地域文化风格

这是指在客房主题的营造和设置上,应以本地独有的风土人情、民俗民风为主题吸引游客。例如,日本的酒店很多就寻求其文化卖点:低矮木屋、原大移门、红灯笼、和服、日本料理、日本艺伎等,使客人在购买、享受这一主题产品后,可获得有关日本文化的深刻认识。

中国悠久的历史和广袤的地域,为中国酒店客房布置提供了取之不尽的主题源泉,如海口的树上宾馆、延安的窑洞饭店、湘西的吊脚楼旅馆、福建的土楼饭店、内蒙古的蒙古包饭店、河南少林寺的禅居酒店等均以浓厚的地域风格给游客留下了极为深刻的印象,成为整个旅途中不可或缺的一道风景。

(三)酒店环境要安静

外出旅游耗费时间长,体力透支大,游客返回酒店需要及时休息恢复体力。因此,酒店的住宿环境必须保持安静。喧哗的闹市以及交通枢纽地区,很显然不适合作为旅游团队住宿的首选。即使同一家酒店,安排住宿时也要考虑房间的不同朝向问题,尽量避免靠近马路一侧的房间。

第三节　旅游线路与交通的组合

旅游交通是为游客实现旅游,从出发地到目的地,以及在目的地内进行游览后再回到出发地,整个旅游活动过程中所利用的各种交通方式的总和。包括各种交通设施以及与之相应的一切旅途服务。现代旅游交通方式主要有四种,即铁路、航空、公路和水路。旅游交通和通用交通最大的区别在于服务对象的专一性和功能的多样性。旅游交通除了运载游客的功能外,满足游客娱乐、享受乃至炫耀身份地位的需求的功能上升为第一位。

一、旅游交通网络的层次

(一)外部交通

又叫长途交通,从旅游客源地到目的地或目的地内各城市间的交通,属于中远距离的空间位移。主要采用航空和铁路交通。

(二)中间交通

又叫短途交通,旅游中心城市到各景区的交通,属于中短距离的空间位移。主要采用铁路、公路和水路交通。

(三) 内部交通

即景区内交通,景点间的短距离空间位移,是因景区规模的大小、景区内地形的变化幅度、景点间的距离以及景区内旅游活动的特色而异的,采用汽车或特殊交通工具(如索道、滑道、马、毛驴车、滑沙板、游船、轿子等)和步行为主。

二、旅游交通对旅游的影响

(一) 旅游交通是旅游业的支柱产业之一

通达的旅游交通是沟通接待地和客源地联系的基础,是旅游行为得以实现的基本条件,是旅游地开发的先决条件。

(二) 旅游交通是旅游业经济收入的重要组成部分

吃、住、行三项费用是游客最基本的旅游消费,旅游交通不仅涉及三种基本消费,同时自身就具有三种基本消费元素。旅游交通费用的收入是旅游业总收入的重要来源。

(三) 交通运输业的发展决定着旅游业的发展

在经济发展水平不同的国家和地区,交通对旅游业发展所起的作用不同,交通运输业的发展决定旅游业的发展。

三、主要旅游交通方式及其发展趋势

(一) 航空旅游交通

优点是快捷、舒适、安全、灵活,可跨越天然障碍。缺点是成本高、能耗大。4000～5000公里以上的长距离旅游在国际旅游中占有重要地位,有无航空条件是能否大规模发展国际旅游业的前提。航空运输业的发达程度,是衡量各国旅游业发展水平的重要标志。

(二) 铁路旅游交通

具有客运量大、票价低、受气候变化影响小、安全正点、环境污染小等优点,符合旅游交通经济、舒适、安全正点和环境对交通的要求。缺点是修建铁路工程造价高,受经济和地理条件限制不能短期修建延伸。在经济条件好的国家或地区,可以不考虑任何限制专为发展旅游铺设旅游铁路。近几年来,国内铁路部门专门开辟了旅游列车,促进了旅游业发展。高速铁路的发展,旅游直达车的舒适、省时也很大程度地提高了铁路在旅游交通的地位。

(三) 公路旅游交通

这是最普遍和最普通的短途运输方式,其突出特点是:灵活性大,能深入到旅游点内部,实现"门到门"的运输;对自然条件适应性强,一般道路都能行驶汽车;

能随时停留,把旅游活动从点扩到面上;公路建设投资少、占地少、施工期短、见效快。但是,速度不如火车,运费较高,受气候影响大等。

(四)水路旅游交通

运载量大,能耗少,成本低。船上旅游安闲、舒适、经济(豪华游轮除外)是其他旅游交通所无法比拟的。从旅游角度讲,沿河、沿海地区往往是旅游资源丰富而集中的地区,人们可以乘坐水路交通游览美景欣赏回味。

现代水路交通发展朝两个方向发展,一是提高速度,克服自身的不利条件,与其他交通方式进行竞争,如气垫船的使用。二是充分利用轮船体积大,具有扩大服务设施的可能性的特点,利用空间大的优势完备旅游设施,满足游客的高要求服务,成为专为旅游服务的游轮。

四、旅游团队对旅游交通的要求

(一)安全

安全需要是游客首位的、最关心的交通需要。而游客对旅游交通安全的需求,可以归结为两个方面:

1. 手续便利

安全与便利是分不开的,便利的手续在省心、省力、省时的同时也意味着游客的人身和财产安全更有保障。

2. 旅途平安

人对安全的需要仅次于人的生理需要。外出旅游是人生的乐事,每个人都希望能平平安安、快快乐乐地度过这段有意义的生活,此时旅途平安对于旅游者来说尤为重要。

(二)时间

1. 交通准时

希望交通工具准时起程、准时到达、准时返程。

2. 速度适宜

(1)"行"宜速。

(2)"游"要慢。

(三)舒适

舒适的交通服务可以缓解身心疲劳,改善游客情绪,提高游客兴致。

1. 乘坐舒适

这是对物质方面的要求。旅游交通服务设施的条件状况,直接影响着游客的心理感受。

2. 优质服务

这是精神方面的需求。游客希望在旅途中得到文明礼貌、热情周到、人性化的服务。

（四）经济

游客总是希望用最有限的资金获取最大的心理满足，对于交通工具的选择也是一样。

（五）多样

多样化的交通工具会丰富游客的行程，也会成为游客旅途中重要的体验之一，因此在旅游线路设计时，我们在可能的条件下应该追求交通工具的多样化，以满足游客的这种心理需求。

五、不同心理的游客对交通工具的选择不同

（一）享受旅途者

这一类多为老年游客，由于受生理条件的限制，加上时间充裕，阅历丰富，他们希望放慢脚步，悠闲地度过旅途时光，将旅途本身和旅游目的地看得同样重要。因此，宽敞舒适的旅游专列、游船当为首选。老年人旅游多为消除苦闷，打破寂寞，驱散烦恼；同时，能开阔眼界，丰富知识，增强体质，陶冶情操。为使老人健康平安地感受到生活的乐趣、生命的价值，在旅途中应配备医护人员，同时合理安排活动，既不让老人劳累，又能感受到生活的多姿多彩、生命的希望与活力。

（二）看重目的地者

如果游客是以度假为目的，那么他将希望尽快赶往旅游目的地，把更多的时间用于悠闲、安逸地度假。这类游客对旅途不感兴趣，会选择飞机、特快列车或直达车，尽可能缩短旅途，不让旅途多占用度假时间。

（三）走马观花者

中青年游客要应对激烈的生存竞争，要学习、要充电，闲暇的时间很少。他们出游大都选择节假日出游或者利用出差机会结束工作后出游。因为时间关系，他们大多属于走马观花者。为了能在有限的时间内尽量多走多看，他们往往会平分旅途中和在目的地游览的时间。

（四）猎奇求异者

这类游客喜欢新鲜经历和新奇事物，喜欢不同寻常的经历。他们的旅游常常伴随着探险，因而旅途中，他们往往会摒弃四平八稳的交通工具，而选择骑马、骆驼，坐竹筏、驴车等。在体验新颖的交通方式中，获得全新的刺激和与众不同的感受。

第四节 旅游线路与景区的组合

旅游景区是指具有吸引国内外游客前往游览的明确的区域场所,能够满足游客游览观光、消遣娱乐、康体健身、求知等旅游需求,有统一的管理机构并提供必要的服务设施的地域空间。旅游景区是旅游目的地的主要构成部分,是旅游线路统筹的核心内容和旅游资源的核心区域。

一、旅游景区的构成要素

(一) 游览

游览又称观光游览,是最基本而又广泛的旅游活动,游山玩水这一成语表明游览活动历史悠久。游览的对象包括美丽、幽雅的自然风景,包括历史悠久、造型独特的文物古迹和现代化的建设成就,包括民族风情展示,包括高科技的农业和工业等生产劳动过程。

(二) 娱乐

旅游景区娱乐是借助景区工作人员和景区活动设施向游客提供的表演欣赏和参与性活动,可以使游客得到视觉及身心的愉悦。娱乐形式大体可分为设施型游乐、歌舞表演型游乐、竞赛型游乐、制作型游乐、采摘型游乐、寻宝型游乐、角色转换型游乐等。

(三) 饮食

美国旅游基金会与宝洁公司联合进行的一项调查研究表明,旅游者对景区餐饮服务要求最注重以下五个因素:清洁卫生、味道好、价格公道、交通便利、环境舒适、服务良好。

(四) 住宿

住宿是旅游活动六大环节中重要的一环,也是旅游活动中不可缺少的部分。一般地,游客对景区客房的基本要求体现在整洁卫生、环境安静、安全感强、服务亲切等几个方面。

(五) 购物

游客在游览过程中所购买的商品,包括生活用品、旅行用品和纪念品等旅游商品。旅游商品一般应该具有实用性、艺术性、纪念性、地域性和时代性等特点。我国的旅游购物收入比重仅为20%左右,和发达国家40%~60%的比重相差悬殊,尚需不断努力。

在六要素中,游览是核心吸引要素,娱乐项目是延长游客在景区滞留时间的前提条件,畅通合理的道路布局是保证游客满意的基本因素,食、住、购是提高游客满意度的辅助条件,和核心要素是相互作用、相辅相成的。因此,景区的经营管理必须有全局观、整体观。

二、旅游景区的分类

(一)经济开发型旅游区(以经济开发为主要目的)

(1)主题公园。例如,西安大唐芙蓉园、开封清明上河园、杭州宋城等。

(2)旅游度假区。例如,三亚亚龙湾景区、广西北海银滩景区、太湖旅游度假区等。

(二)资源保护型旅游景区

(1)风景名胜区。例如,云台山风景名胜区、九寨沟风景名胜区、南京总统府景区等。

(2)森林公园。例如,白云山国家森林公园、张家界国家森林公园等。

(3)自然保护区。例如,扎龙丹顶鹤自然保护区、可可西里自然保护区、宝天曼自然保护区等。

(4)历史文物保护单位。北京故宫博物院、洛阳龙门石窟、安阳殷墟、商丘芒砀山汉墓等。

三、旅游线路对旅游景区的选择

(1)旅游景区知名度高。
(2)旅游景区可进入性强。
(3)旅游景区配套服务设施齐全。
(4)旅游景区内的景点相对集中。
(5)旅游景区的安全系数高。
(6)旅游景区级别较高。
(7)旅游景区周边配套项目齐备。

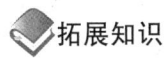 拓展知识

5A级景区标准

5A级景区标准是一套规范性标准化的质量等级评定体系,是目前全国旅游景区(点)最高评定标准。5A级景区标准较4A级旅游景区更加注重人性化和细节化,更能反映出游客对旅游景区的普遍心理需求,突出以游客为中心,强调以人为本。它有以下要求:

交通:海、陆、空要直达;

导游：学历大专以上；

卫生设施：美观兼具文化内涵；

接待量：海外游客每年5万以上。

（整理自百度百科）

第五节　旅游线路与购物的组合

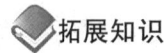拓展知识

购物天堂——香港

香港购物点林立，商品种类包罗万象，定价公道；拥有各式各样的露天市集、充满奇趣的夜市和琳琅满目的豪华大型商场，货品林林总总、应有尽有，令人目不暇接，堪称购物天堂。

铜锣湾位于香港岛的核心区域，该区有多间大型购物商场：时代广场、SOGO崇光百货等，皇室堡、百德新街、罗素街、霎东街林立着一间间时尚服饰专门店，本地新一代时装设计师的心血杰作也尽在于此。另有物超所值的大型化妆品超级市场，即使是最新最流行的货品，也是以批发价发售，让您一次买个够。此外，香港的化妆品是免税的，是旅游的最佳纪念品。

（整理自百度百科）

一、旅游商品的定义及特性

旅游购物本身就是旅游资源，提供丰富的旅游购物资源，满足游客的购物体验需求，已成为某些旅游目的地最具吸引力的内容之一。旅游商品是旅游购物资源的核心，也是吸引旅游购物的根源。发展旅游购物是提高旅游整体经济效益的重要途径。

旅游购物实质上是商业与旅游业的互相渗透、互相推动、相互依存、共同发展的产物，商业的繁荣必然会推进旅游业的发展，同时亦拓宽了旅游活动内容。反之，旅游业的发展也为商业的发展带来了大量客流。

随着旅游业的竞争日益激烈，旅游线路类型花样繁多，如何将旅游线路做出特色，重视旅游购物活动安排，实现旅游商品特色化经营等，也是增强旅游线路吸引力，旅行社争取更多客源的方法之一。

旅游购物消费在旅游者支出中有很大的弹性,相对来说是"无限花费",它既受旅游者消费能力的约束,也受旅游商品特色和丰富程度的影响,具有极大的开发潜力。

旅游者处于远离长期居住地的环境之中,不熟悉当地情况,并且逗留时间很短,使得旅游购物消费区别于日常购物消费,旅游购物的特征有以下几点:

(一)异地性

旅游是非定居者的旅行和暂时居住引起的现象和关系的综合。旅游购物的场所处于旅游目的地或者旅行途中,因而游客对旅游商品的易带性要求很高,旅游购物结果与目的地的旅游商品供给状况、经济发展水平、人文环境等因素密切相关。一方面,异地性是旅游购物的吸引力所在;另一方面,异地性也给游客带来了一系列不便。例如,由于不熟悉而容易受到导游、当地居民、传播媒体等各方面的诱导因素影响,一些游客冲动购买的旅游商品退换困难。

(二)仓促性

由于受旅行行程安排的限制,旅游购物不可避免地具有选购时间短、决策仓促的特征。

旅游者在走马观花、匆匆游览的购物过程中,往往容易对造型独特、包装精美、摆设位置醒目、服务上乘的旅游商品感兴趣,并在较短的时间内完成购买行为。

旅游购物的仓促性带来一些负面影响,如游客未能对旅游商品的质量进行鉴别,返回居住地后才发现不太令人满意;游客被服务员的热情与耐心感动,一时冲动买下来并不需要的商品;游客受其他旅游者的购买行为影响,追随购买。

(三)随意性

在旅游的"吃、住、行、游、购、娱"六大元素中,购物属于非基本旅游消费,弹性大、随意性强。

游客可能有既定的购物意向,也可能没有既定的购物意向。有既定购物意向的游客不一定能够买到称心如意的商品,而无既定意向的游客反而有可能买到许多满意的商品。

旅游购物支出可多可少、可有可无,波动性很大。我国旅游业中旅游购物占的比重一直很小,旅游购物消费的增长相对于其他旅游消费而言,具有更加广阔的发展空间。因此,重视旅游购物的发展可谓意义深远。

(四)一次性

旅游购物的实现条件较为复杂,重复性差,具有一次性的特点。虽然游客可能多次前往某一旅游目的地,购买相同的旅游商品,但这种经济活动经济成本较高,属于少数。

旅游购物的一次性决定了游客往往青睐于购买具有吸引力、纪念性强的当地特色产品或者世界名牌产品。

二、旅游购物的构成

（一）旅游商品

1. 旅游工艺品

旅游工艺品是指旅游者在旅游活动中购买的富有当地民族地域特色,具有工艺性、礼仪性、实用性和纪念意义的以物质形态存在的商品。旅游工艺品和土特产品构成旅游六大因素中的"购"的主要成分。

旅游工艺品作为旅游商品的大宗和主体,不仅能给旅游景区带来一定的经济效益,而且能起到广告宣传作用,提升旅游景区的知名度。

如今,旅游工艺品包含了绝大多数工艺品。如漆器、陶器、瓷器、木雕工艺品、刺绣制品、麦秸工艺品、玉雕、桦树皮工艺品等。比如,开封的汴绣、镇平的玉雕都是游客喜爱的特色工艺品。

2. 文物古玩及其仿制品

主要指的是在文物商店和正规的文物市场中售卖的不属于国家明令禁止出口的古玩、文房四宝、仿制古字画、出土文物复制品、仿古模型等。比如,西安的兵马俑复制品、端砚、宣纸、湖笔等。

3. 土特产品

土特产是土产和特产的并称。在我国,土产一般指各地的农副业产品和部分手工业产品,如松香、毛竹、栲胶、陶瓷器、丝织品、花边、水果等。特产指各地土产中具有独特品质、风格或技艺的产品,如杭州的织锦、景德镇的瓷器、宜兴的陶器、绍兴的黄酒、新郑的大枣、信阳的毛尖、南阳的独山玉等。

（二）旅游购物场所

旅游购物场所有多种分类方法,按照零售业态可以分为:

1. 厂家直销店

又称为前店后厂式旅游商店,是在旅游商品生产基础之上开办的一种商店,游客在选购的同时可以观看制作的流程。例如,甘肃酒泉的夜光杯厂即采用此种模式。

2. 旅游商品专业店

这是专营一种或者某一类型旅游商品的旅游商店。比如,广西北海的珍珠馆就是以经营珍珠类商品为特色的。

3. 旅游商品综合店

商品种类和规格比较多,规模也较大。很多旅游城市都有许多类似的旅游综合商店,从土特产到特色工艺品都有销售。

三、旅游购物在旅游线路中的作用

（一）丰富旅游线路的内容

游客选定特定的旅游线路进行旅游活动,往往不仅仅是出于观光游览的需要,如许多女性游客在出游时,大都带有购物的动机。游客在紧张的游览之余,自由地安排购物活动,放松身心,对整个旅游活动的节奏有一定的调节作用,也丰富了旅游线路的内容。

（二）增加旅游线路产品的经济效益

首先,通过举办活动,向市场推出一批适销对路的产品,进一步丰富旅游线路中的商品种类,增加旅游购物收入。

其次,因为有丰富多彩的旅游商品供游客购买、消费,自然会延长游客逗留时间,使得"食"、"宿"消费增加。

最后,旅游购物本身也是一种旅游资源,还可以满足游客"购"的需要,对游客颇具吸引力。

（三）促进为旅游线路产品提供支持的相关行业的发展

旅游商品与非旅游商品之间并没有不可逾越的界限。农产品和轻工产品一经打上地方特色或旅游特色的烙印,进入旅游消费市场,便同时具有其固有的使用价值与旅游纪念的特殊使用价值,引起游客的消费购买欲望,进而产生消费购买行为,使其成为旅游商品,从而为轻工业、农业提供更大的发展空间。

对于从事旅游购物线路设计、开发、组织的旅行社来说,若能够获得"精品旅游购物线路"的称号,就等于得到了一块金字招牌,有利于增强线路产品的竞争力。

一般情况下,旅游购物市场的利润率远远高于普通观光市场,积极开发旅游商品,可以获得较高的利润回报。

（四）有利于提高旅游目的地和旅游线路的知名度

通过提高旅游目的地的旅游购物水平,突出旅游商品的特色,丰富旅游商品种类,营造整洁规范的购物环境,培育繁荣的旅游商品市场,可以进一步丰富旅游目的地的内涵,彰显该地区作为区域商贸都会的重要地位,从而给海内外游客留下深刻印象,以达到提高旅游目的地及旅游线路知名度与美誉度的目的。

四、旅游线路对旅游购物的要求

（一）旅游线路对旅游商品的要求

1. 游客旅游购物心理分析

购物是旅游活动的重要组成部分,为了进一步推进旅游购物的发展,必须认真研究游客的购物心理,在开发旅游商品时,特别要激发游客的旅游动机。

(1)求新心理。人大多喜欢新颖时尚的商品,新的颜色、新的款式、新的材料、新的情趣等,都可以满足游客求新的心理,有助于缓解紧张的工作和生活节奏,调节枯燥、单调、烦闷的工作。

(2)求名心理。优质名牌商品、具有纪念意义的商品、可荣耀身份的商品,都会使人爱不释手。对于求"名"动机的游客来讲,他们往往不太注意商品的价格,更注重商品的威望、象征与纪念意义,并在感情冲动中作出购买决定。

(3)求美心理。"爱美之心,人皆有之"。对游客来讲,离开自己的居住地参加旅游活动,不仅希望能够欣赏到优美的风景,同时也希望购买到一些富有美感的商品。在求美心理作用下,他们往往重视商品的款式、包装,以及对环境的装饰作用等。

(4)求实心理。游客,特别是中低阶层的游客,在旅游过程中购买旅游商品时,看中的是实用、实惠,特别注重商品的质量、用途,要求商品经济实惠、经久耐用、使用方便,对商品的外观并不是特别在意。

(5)求廉心理。求廉的游客在购物时,会把注意力放在价格上,希望购买同等价值但是价格低的商品,还喜欢购买简单甚至没有任何包装的商品。不过游客不会像普通消费者那样过分追求低廉。

(6)求趣心理。由于生活经历、宗教信仰、受教育程度、家庭背景等各方面的差异,游客兴趣、爱好各不相同,在旅游过程中,他们往往只重视购买与自己的兴趣、爱好有关的商品。

旅游线路设计时,在把握游客多种动机的基础上,要尽可能安排具有多种功能的旅游购物活动。同时考虑游客的旅游动机,在旅游商品开发时,注意多样性与层次性。

2. 旅游者的购物特点

因为年龄、性别、兴趣、职业不同,游客的购买行为、消费心理都会有很大的差异,这就要求我们安排旅游线路购物时,针对性地考虑游客的购物特点。

(1)男性游客的购物特点。男性游客购物一般注重商品的质量和实用性;购买目的准确果断,有强烈的自尊心和好胜心,不太注重价格;容易对体育、科技、探险等主题的旅游购物场所感兴趣。

(2)女性游客的购物特点。女性游客在购物时,注意旅游商品的外观和包装;注重商品的实用性和具体利益,有较强的自我意识和自尊心,爱赶时髦,注重创新。

3. 旅游商品的选择

(1)注重商品的实用性、纪念性、艺术性。游客对旅游商品的期望具有艺术性、纪念性与实用性,其中纪念性超过了经济性,艺术性比实用性更加重要。

（2）旅游商品要具有地方特色，能够体现民族文化。游客在购买旅游商品时大多会注重有文化差异的、有人情味的、能与购买者沟通思想的商品。地方特色是旅游商品区别于其他商品最重要的标志。

（3）要求旅游商品多样化、微型化。游客的多样性决定了旅游商品的多样性，这就要求旅游商品小批量，少而好、少而精。在品种、质地、外观上有多种选择余地。

（4）能够集销售、娱乐、参观于一体。现代都市，人们生活节奏很快，大家都追求"回归自然"、"回归自我"的心理需求，如果能让游客有机会在古朴的作坊里亲自参与制作旅游商品，自然会给游客带来更多的快乐。

（二）对旅游购物场所的要求

购买旅游商品离不开特定的购物环境，旅游商品与购物场所的不同组合会给游客带来不同的感受。如今游客越来越注重购物环境的现代化、特色化、人性化，因而对这方面的要求也越来越高。

1. 旅游购物环境

旅游购物场所内部环境是影响游客购买行为的内部条件，它包括商店整体构思特色、货架和柜台布置、客流线路设计、商品陈列以及店内照明、音响、色彩、温度、清洁度等方面。

2. 旅游购物场所的选择

一般情况下，景点的级别高低决定了其周围商店数目的多少，因为高级别景点的客流量较大，人口密度大，自然对旅游商品的需求量就大。

第六节　旅游线路与娱乐的组合

一、旅游娱乐的概念

旅游娱乐是指以娱乐、消遣、放松为目的，以获得精神愉悦和身心平衡为感受的多种旅游活动方式的总称。

目前，娱乐业的总体发展趋势是主题化，树立鲜明的主题，深入挖掘主题，创造独特性主题，是各国旅游娱乐业追求的目标。其中，深入挖掘主题，主要是挖掘民族文化，在此基础之上，努力形成新的旅游物。

二、旅游娱乐业的特征

（1）强调具有民族特色和地方特色，使旅游者耳目一新。

（2）强调欢快、幽默、热闹，是大多数人喜闻乐见的。

(3)强调参与性,时间不宜过长。

(4)强调针对不同游客安排不同的旅游娱乐项目。

(5)强调旅游娱乐项目常换常新。

(6)强调高雅文化与民俗文化的结合,在满足大多数人要求的同时,反映出时代特征。

(7)强调寓教于乐,使游人在观赏、休憩、娱乐的同时,了解旅游目的地的文化、风土人情、科技知识,受到社会文明的熏陶。

三、旅游娱乐的构成

(一)娱乐设施器材

(1)陆上运动设备:索道、观光车、卡丁车等。

(2)水上娱乐设备:漂流设备、水滑梯、游艇设备等。

(3)文化娱乐设备:动感电影设备、游艺机等。

(二)旅游娱乐场所

1. 主题公园

(1)微缩景观类:如"深圳锦绣中华"、"北京世界公园"等。

(2)影视城类:如"无锡三国城"、"银川镇北堡西部影视城"等。

(3)活动参与类:如深圳华侨城"欢乐谷"等。

(4)艺术表演类:如深圳"中国民俗文化村"和"世界之窗"等。

(5)科幻探险类:如常州"中华恐龙园"等。

2. 旅游度假区

(1)海洋度假区:依赖于沙滩的质量和范围、景色、气候以及水上体育运动。如大连棒棰岛景区、秦皇岛北戴河景区、广西北海景区、海南三亚景区等。

(2)湖泊、河流度假区:明显依赖于水,但更依赖于活动,与海洋度假区相比,娱乐活动更加离不开水。它们更可能分布在离游客居住地车程两三个小时的地方。比如,平顶山的白龟山水库、信阳的南湾湖水库等。

3. 山川滑雪度假区

如河南省的伏牛山冬季滑雪场等。

4. 高尔夫度假区

珠海、威海、南京郊区有很多对游客非常有诱惑力的高尔夫球场。

(三)旅游娱乐项目

1. 按照各类旅游活动的场所可分为:

(1)空中娱乐项目:蹦极、跳伞等。

(2)陆地娱乐项目:攀岩、山地车等。

(3)滑雪运动项目：自由式滑雪、单板滑雪等。
(4)水上娱乐项目：冲浪、帆板、摩托艇等。

2.**按照娱乐项目的内容可以分为：**
(1)文化娱乐：音乐、戏剧、动感电影等。如河南郑州的禅宗音乐大典。
(2)游艺体育运动：庙会、滑雪、高尔夫等。如淮阳太昊陵庙会。
(3)表演型娱乐：如秦皇岛野生动物园动物表演等。
(4)参与型娱乐：如海南黎村苗寨跳竹竿舞、西双版纳的傣族泼水节活动等。

四、旅游娱乐在旅游线路中的地位和作用

(1)改善了旅游产品结构，提高了旅游线路的竞争力。
(2)满足了游客的多种旅游需求，丰富了旅游活动内容。
(3)有助于旅游地、旅游企业旅游形象的改善和提高。
(4)有助于减轻季节性给旅游业造成的冲击，提高旅游业的经济效益。
(5)丰富了旅游地的文化娱乐生活。

五、旅游线路设计对旅游娱乐的选择

(1)旅游娱乐项目的设计要充分体现当地的文化特色。
(2)把握消费潮流，在旅游娱乐项目中融入流行文化的元素。
(3)提高旅游娱乐业从业人员的文化素养。
(4)把握旅游娱乐活动的方向，杜绝不健康的内容进入。

拓展知识

游客自助游安排旅游六要素的注意事项

吃：
1.不要太多地改变自己的饮食习惯，注意荤素搭配、多食水果。
2.各地名吃一定要品，但量不可太大，注意消化能力。

住：
1.只有睡眠充足，才能确保第二天旅游时精力充沛。
2.床具要干净，内裤要穿好，防止得传染病。

行：
1.先买好返程票。
2.所到处宜购买一份当地地图，以防迷路。

游:

去游览景点之前,找些有关介绍读一读,把读书和游览结合起来,将会提高旅游档次。

购:

1. 只购当地独有的。

2. 购当地非常便宜的,可以节省旅游费用的开支。

娱:

1. 不要入迷,适可而止。

2. 注意安全,保存体力,切勿到不适当的场所。

思考与练习

一、名词解释

1. 旅游交通

2. 旅游购物

二、简答题

1. 旅游住宿的作用有哪些?

2. 旅游线路如何选择旅游餐饮?

三、案例分析

禅宗少林音乐大典成为旅游焦点

大型山地实景演出剧目《禅宗少林·音乐大典》自上演以来,在丰富少林寺旅游形象的同时,也为河南省文化产业的发展探索出一条新路。以"功夫"闻名世界的少林寺旅游形象,正因为一场大型山地实景演出剧的上演而悄然改变。音乐大典总制作人和导演梅帅元说,随着《禅宗少林·音乐大典》在嵩山少林景区的演出日益完美,少林寺的旅游形象也在发生改变,游客不会再看完寺庙就走掉。

《禅宗少林·音乐大典》是中国第一次以嵩山为舞台、以少林寺为背景的禅宗音乐实景演出。音乐大典由《水乐禅境》、《木乐禅定》、《风乐禅武》、《光乐禅悟》、《石乐禅颂》五个乐章组成。险峻的嵩山峡谷之中,180度的全景视觉,美轮美奂的山林清泉,若隐若现的古刹禅院,构成了演出的真实背景。近800人的武术演绎,少林僧侣的现场唱颂,春夏秋冬的景观变幻,唤醒心灵的佛乐禅音,在嵩山峡谷中奏响的禅乐与大自然的各种声响——水声、风声、林涛、虫鸣合在一起,构成一种天籁般的禅韵。著名音乐家谭盾作为《禅宗少林·音乐大典》的音乐原创、艺术总监对记者说:"客观地说应该是一个视听艺术演出,有一种荒野戏剧的感觉。我们把灵光作为光的一部分,把山水作为音乐的一部分,把当地的草草木木、羊群和人都作为舞蹈编导的来源,让我们在晚会的创作上走出一条新的路。"

该项目自正式运营以来,取得了良好的经济效益和社会效益。演出达 400 多场,接待海内外客人 50 万人次,门票收入 3500 万元,市场前景良好。前中共中央政治局常委李长春、前国际奥委会主席雅克·罗格、NBC 电视台主持人 Meredith Viera、主持人杨澜、学者易中天、钢琴家郎朗、歌星张靓颖等社会各界名流纷纷慕名而来观看演出,并对演出给予高度的认可。前中共中央政治局常委李长春看后,当场用"受到了震撼"来形容自己的感受,前国际奥委会主席雅克·罗格更是给出了"《禅宗少林·音乐大典》能得奥运金牌!"这样的高度评价。各界社会名流的到场也为《禅宗少林·音乐大典》增添了不少人气。

长期以来,人们用"白天看庙,晚上睡觉"来形容河南的旅游生活,《禅宗少林·音乐大典》的上演,使河南旅游夜生活不再匮乏。因为这场音乐盛典,弱化少林寺刀光剑影的传统形象,人们可以在这里同和尚一起吃斋饭,听禅师讲中国文化,还能看一场关于禅宗的演出。3 年内,演出现场周围将陆续建成禅街、禅田、禅院等休闲娱乐观光设施,完善就餐、住宿、购物等配套服务,成为体验少林禅宗文化的旅游目的地。

讨论:

1. 请分析禅宗音乐大典为什么在河南旅游市场能够成功?
2. 你认为《禅宗少林·音乐大典》能否缓解游客在河南旅游的"审美疲劳"?

四、实训项目

举例分析自己家乡旅游线路六要素组合情况。

第三章 旅游者消费行为研究

引言

消费者行为是消费者为获取、使用、处置消费物品或服务所采取的各种行动,包括先于且决定这些行动的决策过程。本章从旅游者消费学的构成与特点入手,探讨了游客的消费决策过程,分析了游客的不同消费动机,以期为旅游线路规划与设计提供理论依据。

学习目标

1. 能够准确分析游客的购物心理
2. 掌握游客的购买行为模式
3. 熟悉游客的购买决策过程

第一节 旅游者消费构成及特点

旅游者消费是指旅游者在旅游过程中购买和享用组合旅游产品的过程。

一、旅游者消费构成

(一)实物消费和劳务消费

旅游者的实物消费,一般是指游客的住宿、餐饮、交通、购物等有形的消费形式。游客的劳务消费,则主要指的是导游服务以及其他为完成旅游活动而必须具备的无形服务产品。

(二)生存型消费、享受型消费和发展型消费

旅游活动本身属于享受型消费和发展型消费的范畴。针对一次完整的旅游活动,为完成旅游活动而提供的满足游客基本物质需求的餐饮、住宿等属于生存型消费。为了获得旅游游兴的最大化而提供的娱乐、温泉洗浴、奢华度假酒店、特色餐

饮等则属于享受型消费。至于为了通过旅游过程开阔了眼界、拓展了思路或者获得了商机、学到了新的知识则是属于发展型消费。

（三）吃、住、行、游、购、娱的指向性消费

指向性消费其实就是游客的一种消费态度。消费态度是人们对于事物所持有的肯定或否定、接近或回避、支持或反对的心理行为倾向。指向性消费又称为消费态度的针对性，即消费者的每一种态度都是会指向某一具体的对象。这就要求吃、住、行、游、购、娱协调地发展。

二、旅游者消费特点

（一）旅游者消费构成对象极其复杂，综合性与连带性较强

旅游产业体系的形成，涉及众多的相关产业，可以给旅游业带来资金的投入，可以带动一定区域范围内国民经济的全面发展。尤其对那些拥有较丰富旅游资源的地区，旅游业的带动作用更为明显。

（二）旅游者消费包括一部分冲动性购买，其消费水平有攀高倾向

冲动性购买行为与计划性购买行为相对，是一种自发的、无意识的非计划性购物行为，而且具有一定的复杂性和情感因素。冲动性购买一般具有异地性、攀比性的特征。旅游者的消费特点恰恰提供了这两个先决条件，因此游客的冲动性购买所占的比重往往高于其他消费群体。

（三）旅游者消费呈现较高的弹性

旅游消费是人们在满足了基本生活消费之后才产生的，因而属于高档消费，它不是人们生活的必需消费。在现阶段我国居民收入不高的情况下，旅游产品的定价对人们的购买行为有着直接而较大的影响。相对而言，在各种旅游产品中，公务旅游、商务旅游和会议旅游产品的价格需求弹性较小，而观光旅游、娱乐型旅游等价格需求弹性较大，旅游企业在对旅游产品定价时，一定要充分考虑。

三、影响旅游者购买行为的因素

旅游者购买行为的产生，主要依赖于社会、经济、政治、文化、个人、心理等多种因素。从旅游者的实际情况来看，对其影响最大的是社会、文化、个人和心理四个因素的综合体。

（一）文化因素

文化是影响旅游者购买行为的重要因素。每一个社会都有与其相对应的文化，文化对人们行为的影响主要取决于旅游者的文化背景和文化水平。

1. 旅游者文化背景

生活在不同文化背景下的旅游者将会形成民族文化、宗教文化、地域文化的差

异,如东西方在语言、服饰、饮食、艺术、风俗、习惯、居住、建筑及其价值观念、伦理道德、宗教信仰等方面都有明显的差异,这些都会影响旅游者的购买欲望和购买行为。

2. 旅游者的文化水平

旅游者受教育程度的高低是影响旅游者购买行为的又一重要文化因素。首先,文化水平的提高强化了旅游者购买行为的自觉性、主动性。其次,旅游者文化水平的高低影响着其旅游消费结构。一般来说,旅游者受教育程度越高,出游的可能性越大,对生活中的精神产品追求越多;反之,受教育程度越低的旅游者出游的可能性越小,反而对提供物质享受的产品怀有浓厚的兴趣。

(二) 社会因素

旅游者都处在一定的社会环境中,其行为,包括旅游购买行为自然会受到社会各种因素的影响,这些社会因素包括社会阶层、相关群体、家庭等。

1. 社会阶层

在现代社会中,社会阶层是根据人的地位、声望、职业、收入、财产及生活方式等因素划分,形成的较为稳定的群体层次。由于同一社会阶层的人的行为具有较大的相似性,所以处在同一阶层的消费者,其购买行为大致相当。他们倾向于选择相同种类的产品及品牌,对旅游企业的营销活动也有基本一致的反映。

比较而言,社会阶层高的人更加自信和开放,愿意接受新鲜事物,对旅游有比较积极的态度,也更愿意购买一些无形的历史、文化、艺术产品。而社会阶层较低的人一般相对封闭,对外界不感兴趣,不愿意冒险,并且认为外部世界比较凶险,不愿意旅游,而更愿意把钱花在购买家用电器、住房等耐用产品上或者存在银行里。

2. 相关群体

所谓相关群体,是指影响一个人的偏好、态度、行为和价值观的群体,如家庭、邻居、亲友、同事、周围环境等,或是因相似的生活方式、相关的生活环境而形成某种购买需求倾向的群体。相关群体促使旅游者在旅游消费者中作出相近的选择,因为旅游者可以从相关群体中获得大量的购买经验和知识,从而在作出购买决策时减少失误。此外,相关群体不仅对选择旅游产品产生影响,而且对旅游产品品牌的选择产生更大的影响。相关群体的交往过程越有效,对旅游者的影响程度越高。

3. 家庭

家庭是由居住在一起的,彼此具有血缘关系、婚姻关系和抚养关系的人群组成。每个家庭都有独特的家庭文化,这种文化主要体现在购买倾向、兴趣爱好、信仰价值观等方面。每个家庭成员的购买决策都会受到家庭文化的影响,而家庭对旅游购买行为的影响最为强烈,因为旅游是一个家庭的生活必需品和精神消费产品,参加决策的成员多,决策模式也相对复杂。一般丈夫决定是否外出旅游和何时旅游,而到何处旅游和旅游花费多少则由妻子决定。在当今社会家庭中,孩子们对旅游购买决策的影响越来越大。家庭所处的不同阶段也会对旅游方式产生重大影响。

(三)个人因素

影响旅游者购买决策的个人特征很多,较为突出的有以下几个方面:年龄、性别、受教育程度、家庭生命周期、职业、经济状况、生活方式、个性以及自我形象等因素,将直接影响旅游者的购买决策。而成功的旅游企业始终如一地将其旅游营销活动与旅游者的个人特征联系起来,通过对旅游者个人因素的研究,更好地将产品信息传递给旅游者,从而打开市场,扩大销售。除此之外,旅游者的购买行为是以个人经济状况为基础的,因此,旅游者可自由支配收入的水平、储蓄率的变化、价格等因素对旅游者的购买决策起到决定性的作用。

(四)心理因素

旅游者的购买行为还受旅游动机、对旅游产品的感觉、对促销信息的知觉、在旅游经历中的不断学习,以及对旅游品牌的信任和在旅游实践中形成的态度等主要心理因素的影响。旅游者购买旅游产品的一般心理过程包括对产品的认知、注意、记忆、联想、想象等心理活动。旅游企业为使旅游者在众多的旅游产品中选择自己的产品,就要利用品牌名称和品牌的视觉形象来引起旅游者的注意和兴趣,产品品牌才会日渐渗透到旅游者的心中。旅行社在进行品牌营销时,只有将其与旅游心理结合起来,才能让旅游者对旅游企业的产品一见钟情,深入人心,确保旅游企业在激烈的竞争中永立不败之地。

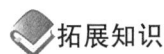 拓展知识

女性游客消费行为特征

女性游客消费动机主要集中于观光、体验、购物方面,其中的现代女性代表了女性游客消费的潮流和发展方向。女性游客消费行为有以下特点:

1. 从众购买。
2. 安全性要求高。
(1)生理安全的要求高。
(2)心理安全的要求高。
3. 追求旅游消费价值最大化。

第二节　旅游者的购买决策过程

一、旅游者购买决策过程的特点

由于旅游产品的无形性、时间性、异质性、不可分割性、所有权的不可转移性等特点,旅游者在做购买决策时就具有购买决策过程的高度参与性等特点。

(一)购买决策过程的高度参与性

西方市场营销专家根据购买过程中参与者的介入程度和品牌之间的差异程度,将消费者购买行为分为四种类型。

专家们认为,消费者高度介入的购买行为基于以下事实,即花钱比较多、偶尔购买、存在风险或者关注程度比较高的产品。

毫无疑问,到目前为止,至少在中国社会的多数阶层中,旅游,特别是长线旅游产品,旅游消费还不是习惯性的、常规化的消费,旅游购买还是属于高度介入的购买。正因为如此,旅游者在做出购买决定之前,都要慎重地考虑:选择什么地方作为旅游目的地;旅游产品的价位;产品的性价比问题;选择哪家旅行社生产的产品等,不一而足。再加上成熟旅游者不多和旅游产品使用风险度高的客观现实,所以,"一人出游,到处参谋"就成为一种司空见惯的现象。另外,对于个人来说,购买旅游产品可能会影响日常生活计划,也有可能影响到家庭成员或者亲密朋友的经济预算和时间安排,因此,需要大家协商和妥协。这时,到门市来咨询旅游的潜在旅游者在整个购买过程中表现出非常积极地参与,而有可能在拿定主意之前却表现出"逛逛商店"似的、心不在焉的样子,这也意味着决策过程需要较长的时间。

(二)高度不安全感

旅游产品的服务性和无形性特点,使得旅游者在购买过程中具有高度的不安全感。游客在购买之前看不到、摸不着,不能尝试产品和服务,所以总要注意寻找放心、安心的门市,总要选择信得过的品牌。因此,好的口碑对于门市举足轻重。在旅游购买中,为了减少不安全感,旅游者总试图从信息劣势地位变为信息优势地位,这时,他们需要搜索大量的信息,包括请教他人或者向其他个人、群体、组织以及媒体、网络等进行咨询。因此,门市服务人员专业的、丰富的、可靠的信息会增进旅游咨询者的信任。这一点可以通过门市以及旅行社组织学习知识管理、网络等,实现向顾客传递信息,使顾客获取知识,强化旅游动机和欲望,增进感情,从而创造出和其他旅行社门市不一样的独特竞争优势。

(三) 掺杂情感因素

旅游产品是服务性产品,而服务性产品具有不可感知性的特点,因此,感觉怎么样比事实怎么样更为重要。只有让客人感觉好的旅游产品才是好的、成功的产品。另外,对某个旅行社或者门市以前的旅游经历和感受、喜好也会影响购买决策。

(四) 决策时间长

尽管现在旅游者在旅行社门市或网站上作出出行决策的时间越来越短,但是旅游者个人的决策时间还是比较长的:旅游需要金钱,需要时间,也需要心情,同时还需要好身体好精神等诸多内在条件,真是"有时间去旅游的时候,没钱去旅游;有钱去旅游的时候,又没有时间去旅游;等到既有金钱又有时间的时候,又没心情和身体去旅游"了。因此,对旅游者来说,旅游不是一件太容易的事情。而门市服务人员就要有耐心,要通过优质的服务和详细的介绍,让旅游变得简单、愉悦。哪怕旅游咨询者不断犹豫不断更改,门市服务人员也要相信时间,相信"山重水复"之后,可能就是"又一村的柳暗花明":不签订合同,绝不放弃。

(五) 易受别人影响

如前面所述,旅游购买决策过程具有高度参与性,也就很容易受参与者的观点和意见的影响。同时,旅游消费是一种时尚的消费,也是某个群体或者阶层的消费,因此也很容易受别人影响。此外,旅游产品是复杂的、多层次的、整体性的产品,甚至包括旅游者本身就是旅游生产过程的一部分,所以同游者也构成了旅游决策的内容。

比如,某大学组织老师们暑假旅游,有北京—承德双飞七日游,有西安—华山—延安双飞七日游,有昆明—大理双飞七日游,有成都—九寨沟—黄龙双飞七日游等八条线路供大家选择。有位老师反反复复挑选了四次,一会儿北京,一会儿西安,一会儿又云南,一会儿又变成成都,旅行社负责报名的员工都纳闷,难道选个旅游线路就这么难吗?原来,这个老师本人既喜欢文化,也偏爱山水,因此,以上四条线路他个人都觉得好,都没问题。那么,难在哪里呢?这个老师在选择和他熟悉、关系好的老师多的那条线路!所以,随着熟悉的老师们的选择变化,他的选择也发生变化。所以,旅行社、门市一定既要强调旅游产品的时尚性、流行性,又要突出旅游产品的个性、唯一性、适合性。

二、旅游者购买决策过程

(一) 个体旅游者的购买过程

大多数专家认为,个体旅游者的购买过程共分为五个明显不同的阶段:
(1) 旅游需求意识阶段。
(2) 旅游信息搜索阶段。
(3) 不同旅游产品评价阶段。

(4)购买旅游产品阶段。

(5)消费后评价旅游产品阶段。

但是,有些旅游者并不一定会严格按照这五个阶段购买,有时可能会跳过一个甚至几个阶段。根据旅行社门市的具体工作需要,下面就旅游者购买某个具体的旅游产品时所作的购买决策进行分析。

(二)个体旅游者购买决策的具体内容

旅游者对某个产品的购买决策是一个复杂的过程,形成这种现象的原因之一是由旅游产品本身决定的,旅游产品是一种综合性的产品,涉及多个环节、多个层面,它的消费滞后于购买,在购买过程中很难把握其风险,而它的生产与消费却又同时进行,并且,一旦购买失败,不可能退货或重新选购。因此,旅游者在具体作出购买某一旅游产品决策时,会从方方面面考虑。主要包括:

(1)旅游目的地的地域选择。是选择城市还是乡村作为旅游目的地。

(2)旅游目的地类型的选择。选择文化型的还是自然型的旅游目的地。是到"大漠孤烟直"的边塞还是去"小桥流水"的江南;是到"百里不同俗,十里不同风"的西南少数民族地区还是去中华人文始祖的中原等。

(3)旅游方式的选择。是随团队观光游,还是朋友结伴去度假,抑或个人独自旅游。

(4)是否采用中间状态的小包价自助旅游。

(5)"旅游者制定购买决策框架"模型。

当然,这里展示的只是部分相关影响因素,但是这足以让我们了解这些因素的数量和范围。这些因素组合起来便是西方旅游专家们所说的"旅游者制定购买决策框架"模型。

同时,值得门市注意的是,旅游者购买决策的复杂性还体现在这样一个事实上,即决定购买一个旅游产品并不是旅游者必须完成的最终决策。第一,他可以选择放弃旅游。第二,如果他选择了旅游,意味着他不得不作出一系列有关未来的决策,比如到达旅游目的地后的天气情况、通信条件、购物情况、健康状况等。每一个表面看上去似乎明显而简单的决策,实际上是一个复杂决策过程的结果。

三、旅游者购买决策过程模型

旅游专家们就旅游购买决策过程提出很多不同的模型,尤其是西方学者在这方面进行了比较深入的研究,可谓"仁者见仁,智者见智"。下面选择一部分对旅行社门市工作有指导意义的"旅游者购买决策过程模型"进行简单介绍。

(一)Wahab、Crompton Rothfield 的旅游者购买决策过程模型

Wahab、Crompton Rothfield 提出的旅游者购买决策过程模型是最早描述旅游

者购买决策过程的模型之一。这个模型将旅游者的购买行为看作是一个经过有意识的计划和理性思考的活动。它排除了由于一时兴起或者一时冲动而进行的购买行为。但是,我们知道进入21世纪以来,旅行社因为包机等原因提供折扣很高的旅游产品,即所谓最后一分钟购买,来确保包机航班的满员和饭店客房的高出租率。这些都被事实证明是非常成功的,这与Wahab、Crompton和Rothfield所提出的旅游者购买决策过程模型不协调。

(二)Schmoll的旅游决策过程模型

Schmoll"旅游决策过程模型"指出,旅游咨询者最终的购买决策是旅游者行为的个人决定因素、旅游目的地的特点和特色、旅游刺激物、外界变量的影响(如旅游咨询者对旅行社门市的信心)4个领域相互影响的结果,这些影响既包括外界因素又包括内在因素。同时,Schmoll"旅游决策过程模型"比较强调旅游咨询者自身的认知对于最终的购买决策起到的重要作用。

(三)旅游购买行为模型

Mathieson和Wall在1982年提出了一个近乎直线过程的购买行为模型,这个模型似乎将购买决策看作是一个直线过程,在决策制定时好像各个因素之间没有任何分别,不存在谁比谁重要的问题,但旅游咨询者决策时事实并非如此。

(四)旅游购买决策框架

Mathieson和Wall在以后进一步的研究中,于1993年提出了用于理解购买决策的框架,包括以下4个因素:

(1)旅游者简况(年龄、受教育程度、收入、态度、先前的经验和动机)。
(2)旅游意识(基于可信的信息形成的对于旅游目的地设施和服务的印象)。
(3)旅游目的地的资源和特点(吸引物和旅游目的地的特色)。
(4)旅行特征(距离、逗留时间以及参观游览时可预见的风险)。

这个模型受到个别学者的批评,认为俨然是地理学家的研究成果,而不是站在旅游消费者行为的角度研究问题。

(五)度假旅游者行为模型

1987年,Moutinh提出了"度假旅游者行为模型"的理论,这个理论中的模型与前面的模型不同之处表现在两个方面:

(1)"度假旅游者行为模型"认为,旅游咨询者在购买决策过程中有三个截然不同的阶段,它们是购买决策前和购买决策阶段、购买后评价阶段以及购买决策制定阶段。"度假旅游者行为模型"认为,最后一个阶段结束后会返回到第一个阶段,从而形成一个购买决策循环。

(2)"度假旅游者行为模型"明确提出,旅游者购买决策是动机、认知和学习这三个因素共同作用的结果。

第三节 旅游者的消费动机

一、一般消费者的购买动机

购买动机是引导顾客购买活动指向一定目标,以满足购买需要的意愿和冲动心理。这种购买意愿和冲动是一个十分复杂、捉摸不透的心理过程。从其表现来看,以消费心理学的角度进行分析,购买动机主要有两大类,即理智动机和感情动机。其中理智动机包括适用、经济、可靠、安全、美感、使用方便、购买便捷、售后服务八个方面;感情动机包括好奇心理、异化心理、炫耀心理、攀比心理、从众心理、崇外心理、尊重心理七个方面。

(一)理智动机的八个方面

1. **适用**

适用,即求实心理,是理智动机的最基本点,即立足于商品的基本效用。在适用动机的驱使下,顾客偏重产品的技术性能,而对其外观、价格、品牌等的考虑则在其次。

2. **经济**

经济,即以最少的支出求得最大的收益。表现在购买过程中求廉的心理。在其他因素大体相同情况下,价格往往成为左右顾客取舍某种商品的关键因素。折扣券、大拍卖之所以能牵动千万人的心,就是因为"求廉"心理。

3. **可靠**

从根本上来说,可靠是"经济"的延伸,顾客总是希望商品在规定的时间内能正常发挥其使用价值。名牌商品在激烈的市场竞争中之所以具有优势,就是因为具有上乘的质量。所以,具有远见的企业总是在保证质量前提下打开产品销路。

4. **安全**

随着科学知识的普及,经济条件的改善,顾客对自我保护和环境保护意识越来越强,产品的安全性越来越多地成为顾客选购某一商品的动机。"绿色产品"、"绿色营销"就迎合了社会大众的这种动机。

5. **美感**

爱美之心,人皆有之。美感性能也是产品的使用价值之一。企业对产品外观设计注入越来越多的投资,就是因为消费者做购买决策时,美感动机的成分越来越重。

6. **使用方便**

省力省事无疑是人们的一种自然需求。商品,尤其是技术复杂的商品,使用快捷方便,将会更多地受到消费者的青睐。带遥控的电视机,带遥控的空调,只需按一下的"傻瓜"照相机以及许多一次性商品走俏市场,正是迎合了消费者的这一购买动机。

7. 购买便捷

在社会生活节奏加快的今天,人们更加珍惜时间,对功能价格基本相同的商品,就近购买、捎带购买经常发生。一应俱全的超级市场之所以兴旺,邮购、电话购物、电视购物等多种购物方式的兴起等,正是迎合了消费者的这一购买动机。

8. 售后服务

产品质量好是一个综合形象的问题。对多数消费者而言,以不菲的价格购买高档耐用消费品,即使是享誉世界的名牌产品也不能完全消除心理上的紧张感。因而,有无良好的售后服务往往成为左右顾客购买行为的砝码。为此,提供详尽的说明书,进行现场指导,及时提供免费维修,实行产品质量保险等都成为企业争夺顾客的手段。

(二)感情动机的七个方面

感情动机不能简单地理解为不理智动机。它主要是由社会的和心理的因素产生的购买意愿和冲动。我们很难为感情动机去找到一个客观标准。这里同样也简单介绍一下感情动机的七个方面。

1. 好奇心理

好奇是一种普遍的社会现象,没有有无之分,只有程度之别。一些人专门追求新奇,赶时髦,总是充当先锋消费者,至于是否经济实惠,一般不大考虑,诸如魔方、跳跳糖、谜语手纸等能在市场上风靡一时,就是迎合了这一心理。

2. 异化心理

异化心理多见于年轻的一代,他们不愿与世俗同流,喜欢标新立异。20 世纪90 年代中期开始的自南而北渐进的将黑发染成黄色、红色的消费行为,就反映了这样的一种心理。

3. 炫耀心理

这多见于功成名就、收入高的高收入阶层,也见于其他收入阶层中的少数人,尤其是短时间内暴富的人群。在他们看来,购物不光是适用、适中,还要借此表现出个人的财力和欣赏能力。他们是消费者中的尖端消费群,购买倾向于高档化、名贵化、复古化,几万元一件的衬衣,几百万甚至上千万元人民币的轿车等正是迎合了这一心理。

4. 攀比心理

攀比,社会学家称之为"比照集团行为"。有这种行为的人,照搬他希望跻身其中的那个社会集团的习惯和生活方式。人家有了等离子、液晶大屏幕电视机,摄像机、大钻戒,自家没有,就浑身上下不舒服,不管是否需要,是否划算,也要购买。

5. 从众心理

一个社会人总是生活在一定的社会圈子中,有一种希望与他应归属的圈子同步的趋向,不愿突出,也不想落伍。受这种心理支配的消费者构成追随消费者群。这是一个相当大的顾客群,研究表明,当某种耐用消费品的家庭拥有率达到40%后,将会产生该消费品的消费热潮。

6. 崇外心理

一部分崇尚物质生活的人,以及追求摩登的人,盲目崇拜外国货,只要是舶来品就买。有的企业在产品或包装上全用外文,或者只用拼音字母而不注一个汉字,在国内销售,进行不正当竞争,就是利用这种崇外心理。

7. 尊重心理

顾客是企业的争夺对象,理应被企业奉为"上帝"。服务质量差,产品质量再好,顾客也会弃之不顾,因为谁也不愿花钱买气受,这在产品雷同化的今天,更是如此。因此,企业及其商品推销员、售货员、维修人员如果能够真诚地尊重顾客,有时尽管商品价格高一点,或者质量有不尽如人意之处,顾客感到盛情难却,也乐于购买,甚至产生再光顾的动机。

(三)细分市场下的特殊旅游动机

细分市场是一个先"分"后"合"的过程。所谓"分",是把不同消费特征的旅游者从消费群体中分割开来;所谓"合",是把有着大致相同或相似消费特征的消费群体集合在一起。根据经典的市场营销理论,细分市场有四个标准,即地理的、人口统计变量的、心理的、行为的。这里,我们着重讨论后三个标准下旅游者的购买动机。

1. 人口统计变量的细分市场旅游者动机

按人口统计变量细分市场,是指以年龄、性别、家庭规模、家庭生命周期、收入、职业、教育程度、宗教、种族、国籍等因素为基础进行市场细分。旅游动机与人口统计变量有着很密切的关系,比如,只有收入水平高的消费者才会对"金假期"、赴国外度假等昂贵旅游产品感兴趣。人口统计变量有关数据相对容易获取,因此,它被旅行社作为市场细分的重要依据。

(1)性别和旅游动机。生理的差别导致了男性与女性在产品需求与偏好上有很大不同。比如"香港商务考察旅游"更多是为男性商务人士设计的,而"香港购物游"则更多是为女性设计的。

(2)年龄和旅游动机。不同年龄旅游者的动机也不一样,如青年人更喜欢参与性强、刺激的旅游产品,因为参加这样的旅游可以结交新的朋友、学习新的知识、锻炼身体等;而年长者更喜欢既有观光内容而不会使身体太劳累的旅游产品。

（3）收入和旅游动机。个人可支配收入是成为旅游者的必要条件。收入的高低无疑是决定旅游者产品选择的最重要因素之一。因此高收入者与低收入者在旅游产品的选择、休闲时间的长短、社会交际与交往的安排等方面都会有所区别、有所不同。高收入的人们希望假期充满知识性，可以身心愉悦、精神满足等；而低收入者则把旅游看作是一次逃离单调日常生活的机会，并且沉迷于那些能够帮助他们建立自信心的活动。另外，实际操作中，同是外出旅游，在交通工具以及食宿地点的选择上，高收入者与低收入者会有很大的不同。

（4）职业、受教育程度和旅游动机。按旅游者职业的不同、所受教育的不同以及由此引起的动机差别细分市场。比如，农民偏好城市的现代化——"我去过北京、到过上海了"，而城市高级白领却喜欢乡村的自然——"我去江西婺源看油菜花了"，同样是炫耀，产品却不同。接受过较多教育的人们希望旅游目的地可以提供给他们欣赏或者参与文化特色活动的机会——比如浙江绍兴的兰亭就深受书法家和文人的青睐；接受较少教育的人们则希望能够在旅游目的地尝试在日常生活中没有的新奇活动。

（5）家庭生命周期和旅游动机。一个家庭按年龄、婚姻和子女状况，可划分为七个阶段。在不同阶段，家庭购买力、家庭成员对商品的兴趣和偏好等会有较大差别，这都会影响个人选择旅游的动机。

2. 心理变量的细分市场旅游者动机

按心理变量细分市场，是指根据购买者所处的社会阶层、生活方式、个性特点等因素为基础进行市场细分。旅游动机与心理变量同样有着很密切的关系。梁晓声的《中国社会各阶层分析》一书，把目前中国内地居民分为九个社会阶层，显然，他们的旅游需求是有着天壤之别的。前述的"金假期"、赴国外度假等昂贵旅游产品，可以肯定和处在社会底层的弱势群体是基本无关的。又如，黏液质的人在参加旅游活动时就可能更多选择团队旅游，而胆汁质的人相对会更多选择自助游。

（1）社会阶层和旅游动机。社会阶层是指在某一社会中具有相对同质性和持久性的群体。处于同一阶层的成员具有类似的价值观、兴趣爱好和行为方式，不同阶层的成员则在上述方面存在较大的差异。很显然，识别不同社会阶层的旅游者所具有的不同特点，对于很多产品的市场细分将提供重要的依据。如背包族与自驾车族的旅游需求、动机等就截然不同。

（2）生活方式和旅游动机。通俗地讲，生活方式是指一个人怎样生活。人们追求的生活方式各不相同，如有的追求新潮时尚，有的追求恬静、简朴；有的追求刺激、冒险，有的追求稳定、安逸。如家庭主妇的旅游与白领丽人的旅游动机就大相径庭,前者可能为探亲访友逃避现实,后者可能为结交新朋友、获得一笔新的生意机会。

（3）心理个性和旅游动机。个性是指一个人比较稳定的心理倾向与心理特征,它会导致一个人对其所处环境作出相对一致和持续不断的反应。俗语说:"人心不同,各如其面。"每个人的个性都会有所不同。通常,个性会通过自信、自主、支配、顺从、保守、适应等性格特征表现出来。旅行社的门市服务人员可以对不同个性的旅游咨询者采取不同的服务和促销技巧,以实现门市的个性化和人性化服务。

（四）旅游动机与不同类型的旅游产品

1. 旅游动机与旅游产品之间的联系

旅行社的产品研发部门应该非常清楚什么旅游动机的旅游者将消费哪一类产品。运用到产品研发上,就是把特定的动机和特定的产品联系在一起。不同类型的旅游产品购买者存在着不同的动机。还需要特别补充说明的是,一个旅游产品服务于多个市场,每一个市场的旅游者都有各自的动机。比如说,年轻人去主题公园是为了自娱自乐,而老人们和孙子们一起去主题公园则是为了让孩子们高兴,一家人去主题公园则是为了满足父母的怀旧思绪或者好奇心理、家庭的精神团聚、家人的其乐融融等。

2. 如何建立旅游需求、动机与旅游产品之间的联系

顾客的需求没有两个人是完全相同的,因此,能否为潜在旅游者着想决定门市最终能否成功。只有将门市的旅游产品同潜在旅游者的旅游需求、旅游动机及其价值观念等联系起来,顾客才会购买门市的旅游产品。

优秀的门市服务人员能跳出自己的思维框架,设身处地为潜在旅游者着想,以建立起良好的客户关系,将潜在旅游者变成客户。他们能对这些潜在旅游者的所见所感心领神会,并能洞察个中原因。门市服务人员与客户建立良好关系的能力取决于对客户了解的程度。

思考与练习

一、名词解释

个性

二、简答题

1. 旅游者购买决策的过程有什么特点?

2. 感情动机的七个方面分别是什么?

三、案例分析

东京迪斯尼乐园的经营"魔法"

东京迪斯尼乐园位于日本千叶县浦安市。1983年开业后,商界许多人认为它将失败。结果却令人大吃一惊。仅从开业至1991年5月,游客累计为1亿多人次。现在,该园每年约吸引1600多万游客,年营业额约1470多亿日元,成为日本企业界的奇迹。

该园的成功正是运用了独特的经营技巧,全方位满足游客的旅游心理动机。为了吸引游客,提高"重游率",他们从规划、建设到经营,处处体现出心理诱导策略。

该园选址距东京约10公里,乘电车20分钟便可到达;该园面积为46.2公顷,项目多,游客无法在一日内游完;聘请农学博士、专家协助建园,使该园一年四季能呈现不同景观,始终维持花草繁茂的状态;该园商业街建有屋顶,而美国加州、佛罗里达州的迪斯尼乐园却没有,主要原因是日本雨水过多;该园游客平均消费远比传统乐园高,主要原因是园内销售的商品均经过仔细挑选,许多商品在外面买不到;该园几乎每年都添新的游乐设施,1987年建"雷电世界",1989年修"星际之旅"节目等。因此,东京迪斯尼乐园重游率高达85%。

讨论:

1. 东京迪斯尼乐园经营魔法的宗旨是什么?
2. 所列六项诱导策略适应游客哪些旅游动机?

四、实训项目

调研国外旅游消费决策的研究进展情况。

第四章 旅游线路设计运作

引 言

旅游线路设计是一个系统的工作,也是一个充满创意的过程。本章着重剖析了旅游线路设计的各个步骤的操作方法,同时列举了实例进行论证,理论与实际操作紧密结合。

学习目标

1. 能够熟练进行旅游线路设计的调研
2. 掌握旅游线路设计创意的方法
3. 熟悉旅游线路设计的调研方法

第一节 旅游线路市场调研方法

一、旅游线路设计调研方法及其优缺点分析

(一)座谈会

1. 定义

指的是由一个经过训练的主持人以一种无结构的自然的形式与一个小组的被访问者交谈,主持人负责组织讨论,从而获取对一些有关问题的深入了解。

2. 优点

(1)研究者在座谈进行时能观看到当时的情况。

(2)可以将整个过程录制下来事后分析。

(3)温馨愉快的环境使参加者能畅所欲言。

(4)经验丰富的主持人能启发参加者深入探讨问题。

3. 缺点

(1)参加者不具有代表性。

(2)在发言时容易受其他人的影响,所说的话不一定代表每个参加者自己的意见。

4. 适用方面

搜集有关事物本质、特征方面的资料,对数量没有太大要求。

(二)二手资料法

1. 定义

通过寻找各种媒体发表的文章或文献的方法来搜集相关资料。

2. 优点

搜集到的资料范围广,可以通过各种渠道搜集到各种类型的资料。与其他调查方法相比省时、省力。

3. 缺点

难以考察资料的真实性及调查样本的代表性。

4. 适用方面

项目的前期准备工作;搜集政府的相关行业政策;搜集来自同行或相关行业在博览会、交易会、展销会、订货会或学术交流会议上的资料。

(三)文献法

1. 定义

通过寻找文献搜集有关市场信息,是一种间接的非介入式的市场调查方式。

2. 优点

适用范围广,现存的文献种类很多,省时并节省费用。

3. 缺点

只能被动地搜集现有资料,不能主动地去提出问题并解决在市场决策中遇到的问题。

4. 适用方面

搜集国家统计局和各级地方统计部门定期发布的统计公报、定期出版的各类统计年鉴;搜集各种经济信息部门、各行业协会和联合会提供的定期或不定期信息公报;搜集国内外有关报刊、杂志、电视等大众传播媒介;搜集各种国际组织、外国商会等提供的定期或不定期统计公告或交流信息;搜集国内外各种博览会、交易会、展销会、订货会等营销性会议,以及专业性、学术性会议上所发放的文件和资料;搜集工商企业内部资料,如销售记录、进货单、各种统计报表、财务报告等;搜集各级政府公布的有关市场的政策法规,以及执法部门有关经济案例;搜集研究机构、高等学府发表的学术论文和调查报告。

(四) 入户访问

1. 定义

指访问员到被访者的家中进行访问,直接与被访者接触,利用结构式问卷逐个问题地询问,并记录下对方的回答;或是将问卷交给被访者,说明填写要求,等待对方填写完毕后再收取问卷的调查方式。

2. 优点

(1) 直接与被访者接触,可以观察他(她)回答问题的态度。

(2) 严格的抽样方法,使样本的代表性更强。

(3) 能够得到较高的有效回答率。

(4) 对于不符合填答要求的答案,可以在访问当时予以纠正。

(5) 可由访问员控制跳答题或开放式问题的追问。

3. 缺点

(1) 人力、时间及费用消耗较大。

(2) 可能出现访问员错误理解的情况。

(3) 对访问员的要求较高。

(4) 需要严格管理访问员。

4. 适用方面

时间、经费、人力充足,需要样本在较大程度上代表总体。

(五) 拦截式访问

1. 定义

指的是在一些固定范围内(例如,商业区、商场、街道、医院、公园、报摊等)拦截行人进行面访调查。

2. 优点

(1) 整个项目的访问时间短。

(2) 可以在访问进行时对问卷真实性及质量进行控制。

(3) 可以节省抽样环节和费用。

3. 缺点

(1) 由于在固定场所,容易流失掉不到该场所去的群体。

(2) 不能耽误被访者太长时间。

(3) 被访者中途拒答的情况可能发生。

4. 适用方面

项目时间短,能够清晰地定义被访者的年龄、性别、职业等各方面特征。

（六）电话调查

1. 定义

指由访问员通过电话向被访者询问问题、搜集信息的方法。

2. 优点

（1）整个项目的访问时间短。

（2）节省费用。

（3）可以解除对陌生人的心理压力。

（4）问卷较简单，对访问员的要求较低。

3. 缺点

（1）无法访问到没有电话的单位或个人。

（2）只能得到简单的资料。

（3）无法深入了解情况。

（4）无法出示卡片、照片等相关资料。

（5）无法了解被访者当时的态度，难以辨别答案的真伪。

（6）拒访情况较多。

4. 适用方面

样本数量多，调查内容简单明了，易于让人接受。

（七）邮寄调查

1. 定义

指将调查的问卷及相关资料寄给被访者，由被访者根据要求填写问卷并寄回的方法。

2. 优点

（1）扩大调查范围。

（2）增加样本量。

（3）减少了访问员的劳务费，免除了对访问员的管理。

（4）被访者能避免与陌生人接触而引起的情绪波动。

（5）被访者有充足的时间填答问卷。

（6）可以对较敏感或隐私问题进行调查。

3. 缺点

（1）问卷回收率较低。

（2）信息反馈周期长，影响收集资料的时效。

（3）要求被访者有较好的文字表达能力。

（4）问卷的内容和题型不能太难。

（5）难以甄别被访者是否符合条件。

(6)调查内容要求易引起被访者兴趣。

4. 适用方面

社会共性问题的调查。

(八)神秘顾客访问

1. 定义

由符合条件的调查员作为消费者,到指定场所消费商品或服务,同时对商品、环境、服务态度等各方面进行调查。

2. 优点

可以对营销渠道的各个方面进行控制。

3. 缺点

(1)真实性与调查员的心理状态有很大关系。

(2)在调查的当时无法作记录,可能产生细节的遗漏。

4. 适用方面

了解各种类型销售网点环境、服务态度、商品的铺货情况。

(九)深度访谈

1. 定义

指在访问过程中,由掌握高级访谈技巧的调查员对调查对象进行深入的访问,用以揭示对某一问题的潜在动机、态度和情感,最常应用于探测性调查。应用范围包括详细了解复杂行为、敏感话题或对企业高层、专家政府官员进行访问。

2. 优点

可以获得比较全面的资料。适合了解一些复杂的问题。

3. 缺点

由于采用无结构访问,是否成功取决于访问员的技巧和经验。调查对象通常是一些特殊人群,因此较难联系。

4. 适用方面

向相关部门的官员咨询行业政策。向竞争对手的各级经销商搜集资料。对与经销商品或提供服务紧密相关的群体进行访问,如医生、教师等。

(十)日记式/记账式调查

1. 定义

指对固定样本发放登记簿或账本,由被访者逐日逐项记录,再由访问员定期整理汇总的一种调查方法。

2. 优点

因为与对方建立长期关系,问卷回收率较高。能够比较翔实、细致地反映情况。可以减少由于调查双方交流产生的误差。

3. 缺点

只能得到简单的资料,无法深入了解情况。

4. 适用方面

对消费者的行为规律进行调查。

第二节 旅游线路市场调研流程

一、市场调研的定义

调研的基础是调查,调查是针对客观环境的数据收集和情报汇总,而调研是在调查的基础上对客观环境收集的数据和汇总情报的分析、判断,调研为目标服务,市场调研就是为了实现管理目标而进行的信息收集和数据分析。

二、市场调研的流程

市场调研的重要环节主要在两个方面:信息收集、调研分析。信息收集是为调研分析提供数据;调研分析是对信息数据进行剖析并写出调研报告,企业战略目标、管理计划等管理方案就是根据调研报告来制定的。

(一)信息收集

信息收集就是对市场环境的信息资料采集,采集资料的真实性和有效性对调研分析的科学性产生着直接的影响,而采集资料的真实性和有效性直接取决于信息采集的调研方法。

市场调研是一门单独的学科,书本中的市场调研方法比较系统和专业,但市场调研贯穿在企业管理之中,一个企业受人力、物力的局限,不可能依据系统的方式去获取资料。一些大型企业的市场调研声势浩大,又送礼、又抽奖,兼顾了问询和问卷调研法。从调研现场我们可以发现,在利益的驱动下调研对象提供的虚假信息占有相当的比例。为此,最有效的信息收集方式是深入市场,现实性管理又称之为深入调研法。

深入调研法是根据调研目的,通过深入市场来采集信息资料的一种实效性调研方法,该调研方法具有针对性、经济性、实效性等特点。

企业管理需要的信息资料很多,而市场正是一个庞大的信息系统。为了加强信息收集的针对性,深入调研法和专业调研标准一样,也要求进行信息收集时根据调研目的制定出调研课题、确定出调研范围,最科学的标准是拟订出详细的调研计划。调研计划包括调研课题、调研时间、调研人员、调研地点、调研费用、调研对象、调研方法等相关内容,调研超过3人小组时还须进行责权分工,选出临时负责人,提高调研效率。

深入调研法同常规调研法的不同之处在于,深入调研法强调信息收集过程中调研人的调研技巧和行业领悟能力。通常,调研技巧包含调研人的处事风格和对调研渠道的把握。在调研技巧上,要求根据调研课题选择出代表性的专业渠道和辅助渠道,并根据调研效果设定合理的渠道比例来进行信息采集,行业卖场、经销商、行业展会等渠道为专业性渠道,构成信息采集的重点;报纸、书店、网络、电话簿、电视等渠道为辅助性渠道,构成专业性的补充渠道。选择辅助性渠道,有利于促进对专业性渠道采集信息的充实和论证。另外,行业的领悟性要求调研者在信息收集过程中要善于采用观、记、问、领会等调研手法,收集信息的同时分析市场,透过表面的市场现象捕捉真实的市场信息。

在信息收集中,为提高调研效果,可以适当赠送一些小礼品,并灵活采用一些科学的调研方法作为补充,比如电话咨询、问卷调研、行业拜访等。深入调研法的中心任务是通过深入市场,确保采集信息的实效价值。

（二）调研分析

调研分析是对调研信息资料汇总和解析,并需根据分析结论写出调研报告。调研报告是针对调研课题在分析基础上拟定的总结性汇报书,可以根据调研分析提出一些看法和观点。调研报告是通过调研资料对调研实效价值的具体体现。

调研是科学管理的基本要求,但科学管理对调研的要求不是表现为一个企业是否有了调研的行为,而是在于能否确保管理者根据调研报告对管理行为作出正确的选择。假如说信息收集是调研质量的安全线,那调研分析就是调研质量的生命线,因为分析提炼了调研的价值成分,它更深地反映为对市场的一种审视和剖析,很多企业信息采集的资料都很标准,但由于缺乏审视和剖析能力,调研的价值就无从估计,甚至误导了企业、牵制了管理。

书本中的分析方法为定性分析和定量分析两种。在此基础上,现实性管理增加了理性分析法,即运用管理思想和专业的眼光,通过对远景市场展望的基础来对调研信息资料进行剖析和思考,从而制定出对企业有实效价值的调研分析报告。通常调研分析应该由专家级的人员组成。

三、市场调研要点

普通的市场调研是为企业管理提供数据,层次化的市场调研是为企业的决策提供依据、替企业的竞争寻求动力,市场调研的真正意义就在于能使管理者通过市场调研数据和现状的分析来明确企业的发展方向、寻求企业竞争实力,企业的方向是通过决策来把控,竞争实力是依靠异化来赋予,调研的信息收集的大部分属一种表象的信息采集行为,而决策和差异化却需要在资料分析的基础上通过企业策划的职能来实现。所以,市场调研没有脱离企业策划的领域。

不同标准的市场调研采用的调研方式和手段不同,普通的市场调研可以指派业务人员来进行,层次化的市场调研可以委托专业的调研公司来实施。信息是企业的耳目,现代企业应当在调研的职能中建立完善的信息系统,通过日常信息资料采集和企业内部数据统计,让企业小规模的市场调研工作在企业信息系统里开展。

第三节　旅游线路市场调研实例

实例一:满洲里—额尔古纳—莫尔道嘎旅游线路的调研报告

按照市政府工作部署,市旅游局领导和相关工作人员于10月22日至24日赴额尔古纳市,对该市及其周边的旅游景区景点分布及线路开发情况进行实地踏勘,同时与当地的旅游部门和旅游企业进行工作对接,就开发培育满洲里—额尔古纳—莫尔道嘎旅游线路进行了磋商,达成了一致意见。

一、满洲里与额尔古纳、莫尔道嘎旅游合作的可行性

满洲里市与额尔古纳市相距200多公里,同处一旅游带,满洲里、额尔古纳和莫尔道嘎的旅游资源既有差异性,又有很强的互补性。满洲里主要体现的是中、俄、蒙三国风情,额尔古纳和莫尔道嘎主要体现的是俄罗斯民俗和自然风光。两市间交通便畅,居住环境好,开展旅游合作潜力巨大。

二、旅游合作目标

通过整合两市"大草原、大口岸、大森林、大湖泊、大河流"的特色旅游资源,设计包装集口岸特色、自然资源、异域风情、民风民俗、文化艺术为一体的旅游线路,推动两地旅游企业加强合作,构筑区域无障碍旅游格局,把满洲里—额尔古纳—莫尔道嘎的旅游线路打造成内蒙古东部一条旅游资源涵盖丰富、具有鲜明地域特色的精品旅游线路。

三、满洲里—额尔古纳—莫尔道嘎旅游线路情况

1. 满洲里距离额尔古纳黑山头口岸168公里
2. 黑山头口岸距额尔古纳市拉布达林62公里
3. 拉布达林距室韦157公里
4. 室韦距莫尔道嘎镇88公里
5. 莫尔道嘎距白鹿岛景区101公里

6. 莫尔道嘎距国家森林公园 11 公里
7. 莫尔道嘎距龙岩山制高点 5 公里
8. 莫尔道嘎距拉布达林 220 公里
9. 拉布达林距海拉尔 147 公里
10. 海拉尔距满洲里 192 公里

四、额尔古纳市及其周边主要旅游景区景点情况

（一）额尔古纳河

《中俄尼布楚条约》的签订，确立额尔古纳河为中俄边境界河。作为中国北部边界最为重要的界河，额尔古纳河流域也是我国众多游牧民族的发祥地，一代天骄成吉思汗金戈铁马的生涯便由这里开始。界河在草原和森林的衔接地带，河道蜿蜒曲折，滩岛星罗棋布，河滩两岸溪流纵横、沼泽处处、灌木丛生，具有典型的湿地特征。界河中方一侧是国家一类口岸——黑山头口岸，对岸的俄方小镇近在咫尺，房屋街市历历在目。黄头发、蓝眼睛、高鼻梁的俄罗斯人在河边劳作、垂钓、游泳，戏耍的孩子们向游人挥手致意，偶有中、俄边防军巡逻艇与游艇相擦而过。口岸中方一侧已形成景区，可开展界河旅游项目。

（二）莫尔道嘎国家森林公园

莫尔道嘎国家森林公园是全国最大的国家森林公园，总面积 5800 多平方公里，是一个原始的、生态的和天然的森林旅游公园，主要景点有白鹿岛、龙岩山等，是天然的度假、休闲胜地。白鹿岛是额尔古纳河环绕着的岛屿，取蒙古传说白鹿为名。游人可在这里观赏森林风情，听涛、漂流、观花、采集野果，晚间可在白鹿岛住宿。龙岩山位于镇南 5 公里处，传说成吉思汗曾带五百坐骑在此狩猎，登上龙岩山情不自禁地惊呼出"莫尔道嘎"，该镇因此得名。伫立在龙岩山顶，莫尔道嘎镇区尽收眼底，风景十分壮观。

（三）黑山头古城

距黑山头镇北 10 公里，位于根河、得耳布尔河注入额尔古纳河入口处的东部沼泽台地上，三面环山，一面背水。景区由古城遗址区、敖包山、游客服务中心三部分组成。据史料记载，该古城是蒙古汗国时期，成吉思汗大弟拙赤·哈撒尔王的封地。黑山头"古城遗址"是人们寻古探幽、祭拜祖先、体验蒙古民族生活习俗的旅游胜地。

（四）室韦俄罗斯民族乡

这是全国唯一的俄罗斯民族乡，聚集着 7000 多名华俄后裔。俄罗斯民俗生活、文化特点、民居特色、室内装饰格调都是我国少数民族中独具特色的民俗风景线。每户家庭房屋建筑均为木刻楞，内部设有面包房、桑拿室、卫生间、淋浴室等，

还有观光用的马车、雪橇、民族服饰等。在这里俄罗斯家庭游已形成规模,可以住宿、餐饮、观光,举办家庭狂欢,进行民俗研究,体验劈拌子、挑水、荡秋千、碰彩蛋、学俄语、唱民歌、跳俄罗斯族民间舞、俄式泼水节、摄影、钓鱼、冰上捕鱼等活动。

(五)弘吉剌部蒙古大营

弘吉剌部本意为"美女的部落"。成吉思汗的母亲、夫人和儿媳妇都来自弘吉剌部落,来自额尔古纳河畔。弘吉剌部蒙古大营位于黑山头镇桦树林地区,占地面积66平方千米,由101个蒙古包组成。内有900多平方米的棋盘广场,多功能厅,20多个可以提供中、西、蒙式餐饮的蒙古包和64个住宿包。大营内的所有建筑都是按照蒙古族人游牧居住的蒙古包进行建设,每个蒙古包都体现深远的蒙古族文化,将游客带入一个纯正的蒙古民族生活居住之地。

五、旅游线路编排的初步设想

根据对额尔古纳和莫尔道嘎等地旅游资源的实地踏勘,结合满洲里的旅游特色,针对不同的客源市场和游客的不同需求,围绕满洲里—额尔古纳—莫尔道嘎旅游线路,可以重点包装设计以下三条主题旅游线路:

(1)以俄罗斯异域风情为主题的旅游线路,主要包括口岸城市、国门、界河、俄罗斯民族乡等景点。

(2)以蒙古族历史文化为主题的线路,主要包括黑山头古城、额尔古纳河、弘吉拉部蒙古族大营等景点。

(3)以口岸、草原、森林、自然风光为主题的线路,主要包括口岸、呼伦湖、莫尔道嘎国家森林公园等景点。

六、开发培育满洲里—额尔古纳—莫尔道嘎旅游线路的初步方案

(1)10月初,形成"关于加强满洲里与额尔古纳旅游合作开发旅游精品线路的方案",交给额尔古纳市旅游局,就两市的旅游合作方式、推进时间、预计达成目标进行沟通。

(2)10月22日至24日,满洲里市旅游局赴额尔古纳、莫尔道嘎对旅游线路、景区景点进行实地踏勘,并与旅游管理部门进行了接触和探讨,旅游企业间进行工作交流,就加强旅游合作和开发培育精品旅游线路达成了共识。11月邀请额尔古纳、莫尔道嘎旅游部门和旅游企业来满洲里市对景区景点分布和线路开发情况进行踏勘,并与满洲里市旅游业界进行工作座谈,具体商定线路操作的旅行社、线路报价和旅游团队的组织等。

(3)拟定在12月份冰雪节期间,召开"满洲里—额尔古纳—莫尔道嘎旅游资源合作开发座谈会",地方政府、旅游部门、旅游企业负责人参加,共同研讨旅游线

路编排、营销方法、优惠政策、合作形式等,两市旅游部门、旅游企业之间签订旅游合作协议。

(4)满洲里市、额尔古纳市旅游部门和旅游企业要将新设计编排的旅游线路纳入到各自的旅游宣传营销计划和旅游宣传品中,资源共享,共同营销,互惠互利,共同发展。

(5)两市从2008年开始分别在国际、国内、北方十省区和两市客源地市场宣传推介满洲里至额尔古纳的旅游线路。

(6)两市建立无障碍旅游,并在景区景点门票、住宿方面互惠互利,合作共赢。两市的各相关的部门如公安、交通、工商、安全等都应着手制定有利于两地旅游合作发展的服务措施。

实例二:关于旅游线路编排与韩国旅游北京市场开拓的调研报告

一、目的

在我国旅游业的入境市场中,韩国人来华旅游占有比例越来越高。据我国国家旅游局的正式统计,韩国作为我国入境旅游的第二大客源国,2002年旅华人数已达212.43万人次。

韩国来华旅游的旅游目的地中,北京的位置又特别显著。据北京市旅游局的统计数字,2002年来京韩国游客已达38.01万人次,已大体接近于全国接待韩国游客总量的1/5(约相当于全国接待总量的17.89%)。

在对韩国旅游者来京去向的分析中,北京延庆县的龙庆峡引起了北京市旅游局的关注。北京龙庆峡,这个在国际旅游市场中并不为日本市场和欧美市场十分注目的目的地,现在却吸引了1/3以上的来京韩国游客。2002年,北京龙庆峡接待韩国游客14.5万人次,较2001年增长27.19%,见表1。

表1 北京龙庆峡接待韩国游客相当于北京接待的份额

年份	龙庆峡接待量(万人次)	本景点同比增长(%)	北京接待量(万人次)	龙庆峡接待人数相当于北京总量的百分比(%)
2001	11.4	—	32.74	34.82
2002	14.5	27.19	38.08	38.15

注:龙庆峡的统计仅为夏季数字。

同时还值得注意的是,到龙庆峡旅游的韩国旅游者绝大多数都属于来京旅游的三夜四天的观光客。从总体来看,在旅游目的的划分上,韩国来华的旅游者中,属于观光度假目的的,只大致相当于该国来华旅游者总数的33.65%(据我国国家旅游局2002年公布的2001年资料)。如从这一比例来看,韩国来京旅游者有34.82%~38.15%都去北京龙庆峡旅游,就更值得我们注意并加以研究了。

正是基于对此现实的重视,北京市旅游局责成其国际市场处与北京旅游学院专家研究,决定组织一次有关此课题的调研活动,以期在实践和理论上探究出龙庆峡进入韩国在京旅游的线路安排并获得成功的原因,并为韩国旅京市场的进一步开拓,为国际游客在京旅游线路的拓展探寻出具体的办法和措施,以实现北京旅游入境市场新的突破。

二、调研进程

在北京市旅游局国际市场处的倡议下,李继诚处长、彭程同志与北京旅游学院刘德谦教授、岳祚弗教授共同商定了分工合作的调研办法;其后,刘、岳二人去延庆龙庆峡考察,并与该景区管委会相关负责人员举行了小型座谈会;在对初步调查资料共同进行分析的基础上,北京市旅游局国际市场处又在京召开了北青旅、北奥、中青旅、邮电、燕都、同源、大地等相关旅行社韩国部部长等参加的调研座谈会,课题组全体同志与大家进行了互动交流;最后,课题组成员又一起进行了分析研究,并商讨了调研报告的撰写办法。

因为任务较急,其间经历时间仅一月有余。

三、调研分析

(一)线路的成型

韩国游客去龙庆峡,大多是经旅行社安排成行的。但在几年前,韩国旅游者在京的旅游线路也与其他海外来京游路大体一样,主体仍旧是"老五处"。龙庆峡编排进入韩国来京旅游者的线路(尤其是"三夜四天"的线路),并且成非自选的固定目的地之一,是在近几年才成型的。

旅行社最初安排龙庆峡进入韩国团在京旅游线路,有两方面原因:一是因为韩国团团费较低,为了增加收入,便选择了与八达岭相距不远的龙庆峡作为自选自费项目,结果大受欢迎,最后便形成了固定项目;二是因为传统线路较显单调,考虑到某些参观内容韩国游客不感兴趣的现实,便发掘龙庆峡作为补充。发展到现在,甚至出现了不包含龙庆峡项目的线路,韩国购买者不多的情形。

据龙庆峡旅游发展公司统计,近两年,每年龙庆峡接待的韩国游客量均已超过龙庆峡接待国内外游人总量的1/5,见表2。

表2 韩国游人在龙庆峡接待总量中的份额

年份	龙庆峡接待总量(万人次)	韩国客人(万人次)	韩国客人所占份额(%)
2001	52.4	11.4	21.75
2002	65.0	14.5	22.30

注:龙庆峡的统计仅为夏季数字。

(二)成功原因分析

(1)入境旅游在京旅游线路的"老五处",并非"放之四海而皆准"的吸引物,尤其对于国外大众游客、青年游客、重游者来说,"老五处"的吸引力越来越局限,需要对其不断丰富和更新,早已是迫在眉睫的事情。

(2)龙庆峡与北京原有传统旅游线路中的八达岭相距不远,而且"顺路",不需要旅游者花费更多的时间,因而它可以较顺利地组合进原有线路。

(3)目前入境游客在京旅游的线路,大多是围绕着中国历史文化展开的,龙庆峡以其纯自然的山水风光,与文化景观形成互补,形成其自身特有的吸引力。

(4)龙庆峡的自然山水风光在韩国实不多见,因而为韩国游客所接受、所喜爱,加之韩国百姓钟情于东方自然山水的文化背景,龙庆峡便更好地发挥出了它的相应吸引力(人们对龙庆峡"北方小桂林"的称呼,在这里也发挥了一定的作用)。

(5)龙庆峡旅游公司为稳定客源所作的努力,创造出了令游人心动的环境氛围——为韩国游客准备的韩文欢迎横幅、韩文印制的景点介绍折页、韩文的路标指引,以及工作人员的简单韩语对话、向客人赠送的带有韩文的小礼物(如夏季的折扇,带有东方人的情结)等,不仅增加了韩国游客旅游的方便度,更增添了韩国游客对目的地的亲切感(乃至自尊心和自豪感都得到了相应的满足),从而拉近了目的地与游客之间的心理距离。

(6)龙庆峡旅游公司为提高景区服务水平和服务质量做出了多种努力,如保护生态、注意景区和游船的保洁,对游人耐心等待,下雨时免费提供雨具,乃至客人下车后未买门票就能入园如厕以解"内急"等体贴入微的举措,都得到了客人满意的称赞。

(7)景区和旅行社相互协调,为巩固原有客源和增加客源创造了良好的合作条件,其中包括双方的互动走访和座谈会的召开。

(8)尤其值得注意的是,相关企业也不断努力加大宣传促销力度,除了前期韩国组团社和中国接待社间的配合促销外,景区近年也主动加入到了宣传自己的促销队伍中来,如2002年"中国历史文化名城韩国展"在釜山的展洽活动中,龙庆峡景区就单独设立了展位,并发放了将近4000份专门制作的有韩文说明的宣传画册和光盘,从而更进一步地扩大了客源。

（三）开拓前景和相关条件创造

从来京韩国游客的实际变化和相关资料显示，来京和来华韩国旅游者正在发生着变化：一是正在走向年轻化；二是正在日趋普及化。因此为适应韩国游客的需求取向，北京和全国都需要尽快推出相适应的产品。同时，在韩国旅游市场的开拓中，北京还将面临着韩语导游不足的紧迫问题。

1. 线路的改进与拓展

当前，为了适应我国入境市场的新发展（包括韩国市场的飞速发展），北京有关旅游发展的研究者们和旅游经营者们（尤其是旅行社），都在考虑对北京传统旅游线路的补充、丰富和改造。

对韩国市场北京不少旅行社近期的有关考虑，是在原有的三夜四天的观光旅游线路中增加（或更换）新的目的地景点；或在一定条件下增开四夜五天线路，同时增加目的地景点。在旅行社的诸多考虑和试验中，这些可用于组合的目的地景点：

（1）溶洞。北京房山石花洞对韩国客人有一定吸引力，有的旅行社曾对此作过试验，但因路程较远（途中需消耗半天时间），加之周边环境较差，没有适合的餐饮及服务设施，因而后来放弃了。

（2）民族风情园。中国的民俗民情对韩国游人的确具有较大的吸引力（尤其是西南各民族风情和西北各民族风情），北京中华民族园曾一度为有的旅行社选中，但是目前该园偏重静态展示，活动较少，也缺少必要的餐饮和演出，加之门票价格在组合价格中偏高，因此作为新的项目进入线路，最终未被选中。

（3）温泉。韩国游客对温泉很感兴趣（韩国旅日游客中，有的就是为了此一目的），但目前北京含有温泉项目的旅游目的地景点还不太适应这一需求，或者缺乏住宿条件，或者住宿地与温泉洗浴地相距较远，或者卫生条件较差，或者缺乏相应的配套设施，或者路途时间太长（离原有线路较远），或者价格偏高，同时普遍缺乏餐饮和娱乐条件。

（4）学校和企业。随着形势变化，韩国人来京旅游的目的目前已经出现了修学旅游和商务旅游，但是，由旅行社出面联系学校和企业，困难较大，因此这些新类别的专项旅游的开展，当前还缺乏一些必要的条件。

由此看来，韩国在京旅游线路的进一步拓展，还需要有关各方的进一步努力和支持，同时也需要相关企业和单位抓紧机遇，创造条件，只有这样，才能在近期不失时机地赢得发展。

2. 拓展中的其他问题

此外，在韩国旅京市场的开拓中，还面临着一些亟待解决的其他问题，尤其是导游员问题最为迫切。

（1）目前北京的韩语导游员较为缺乏，尤其是旺季，出现的缺口就更大，加之韩国市场每年两位数的百分比增幅,更使得旅行社常常捉襟见肘(据称,长白山旅游一度下滑就有这一方面的原因)。也有一些兼职的导游员资源可以利用,但是,这些人员因为有自身的职业,加之文化水平或文化素质也较高,没有时间或不愿参加导游员考试,因此旅行社相关人士普遍提出了"临时导游员"许可证的问题,希望得到主管方面的许可。

(2)目前导游考试的准备和辅导时间,正好是旅游旺季,这种时间冲突使得旅行社现有拟参考的人员常常感到难以应付,因此有些能力较强的人反倒没能考过,所以有的旅行社的主管人员提出,希望能给他们一次补考的机会。

(3)目前导游考试的一些科目有时过分偏重于细枝末节的死记硬背,因此有人士提出,是否可对导游考试进行适当改革,加强主干内容和实操内容的考试和考察,而适当减少一些死记硬背的内容。

四、结语

北京旅游业的新发展使北京传统旅游线路的改造和创新变得越来越迫切。这同样也是我国传统旅游线路日趋老旧时不得不面对的重要问题。

中国旅游业迫切地需要新线路的开拓。在全新的线路尚未推出之前,对传统线路的重新编排和改造,就成为当务之急。

在线路的重新编排和改造中,我们还应该充分注意有关编排因子的特征,注意它的适应性、差异性、互补性、乘数性、引爆性、集约性、整合性及其有关组合规律,认真借鉴龙庆峡等景区成功地进入传统线路的经验,充分发挥旅行社和景区的良性互动效应,发挥包括批发商、零售商在内的组团社和地接社的积极作用,以期不断创新,不断总结,不断调整,不断地推出成熟的或比较成熟的产品。

但是,这个问题只由旅行社来解决是不够的。比如,面对韩国来京游客的增长,面对旅游者结构和旅游者需求的变化,就需要目的地景点作出相应的努力,这个努力必须成为整个产品创新活动中的重要一环。然而,这还不够,当前,我们的住宿业经营者、餐饮娱乐业经营者也应该与目的地景点的经营者一样,明确意识到自己在整个产业链中的地位,积极参与到整个旅游产品的创新中来。每一个环节都必须密切注意市场的变化和需求,时时关注机遇,抓住机遇,相互沟通配合,这样才能把发展的机遇变成发展的现实。

第四节 旅游线路设计创意及其实例

旅游线路设计创意是指在资源与市场要素条件不变的基础之上,以旅游资源为载体,借助于一些社会事件、文化现象或者是与一些相关活动的组合,从而达到吸引游客、创造巨大的可能性潜在市场的目的,这个组合的过程就是旅游线路设计创意。

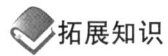拓展知识

创意产业

创意产业又叫创造性产业,是指那些从个人的创造力、技能和天分中获取发展动力的企业,以及那些通过对知识产权的开发可创造潜在财富和就业机会的活动。

发达国家创意产业可以定义为,具有自主知识产权的创意性内容密集型产业,它包含以下三方面含义。

1. 创意产业来自创造力和智力财产,因此又称作智力财产产业。

2. 创意产业来自技术、经济和文化的交融,因此创意产业又称为内容密集型产业。

3. 创意产业为创意人群发展创造力提供了文化环境,因此又往往与文化产业概念交互使用。

一、旅游线路设计创意的方法与步骤

(1)创意的过程,首先表现在产品定位上。

资源独特性及优劣势的提炼,交通及社会经济条件的把握,市场需求的系统研究,互动而形成市场的准确定位。

(2)围绕明确的市场目标,创造性地策划核心吸引力项目内容。

(3)围绕核心吸引力项目,展开游玩方式,形成游玩内容、游玩过程、游玩结构。

(4)围绕游玩方式,进行六要素功能配置、空间结构配置、景观配置,形成项目总体构架。

(5)围绕游玩方式,结合六要素,进行收入方式设计。

(6)根据市场特点及产品基础,设计营销模式。

(7)进行投入产出估算,调整项目及成本结构,结合投资、建设、营销、融资、管理,形成开发运作模式。

二、旅游线路设计创意实例

(一)旅游线路与影视作品的结合

影视旅游在西方被称为"电影引致旅游",体现了影视与旅游的密切关系。影视旅游是影视创作与特色旅游的结合,它是一种新兴的旅游文化概念。我们可以把影视旅游定义为:以影视拍摄、制作的全过程及与影视相关的事物为吸引物的旅

游活动。

其中有两方面的含义：一是影视作品的拍摄过程是旅游资源，这个过程是动态的，易逝的；二是拍摄影视作品的外景地，其面对的客体对象可以是人造景观，也可以是自然景观、人文古迹等与影视相关的旅游资源。

例如，当电影《廊桥遗梦》风靡全球时，电影拍摄地麦迪逊迎来了无数游客。影片中摄影师和农妇坠入爱河的廊桥还成为许多新人的婚礼举办地，每个影片拍摄地都有许多剧照和宣传册，当地的农民也搞起了旅游。

张艺谋的年度大片《千里走单骑》，早在该片开拍伊始，作为外景地的云南丽江束河古镇已一夜成名，在影片上映前后，束河古城里常常可以不经意地看到"《千里走单骑》外景拍摄地"的指示牌，其中带着几分当地人的自豪，也吸引了不少游客。人们看过了张艺谋用镜头所表现出的束河，一定会愿意亲自踏访这个被列为世界文化保护遗产的古城。

再如电影《海角七号》场景全程在恒春半岛拍摄，因为剧组用心的取景，影片爆红之后，这个包容新旧文化的平凡老城镇，瞬间成为继侯孝贤《悲情城市》中的基隆九份之后影迷朝圣的观光景点，邻近默默无闻的小渔村车城乡也顿时知名度大增。导演在接受采访时曾提到，选择恒春是因为恒春有着所有的反差——有山有海，有古老的月琴还有现代的摇滚（恒春也是台湾知名的露天摇滚演唱会"春天的呐喊"的摇篮地）。

随着电影的持续热卖，恒春当地更推出"海角七号专车"、"海角七号解说志工"等专业导游服务，并特别制作了电影场景解说牌，从恒春西门出发，经阿嘉的家、满州茂伯家、友子奶奶家，经龙磐公园至夏都酒店导览并用餐，再游猫鼻头、万里桐海岸、射寮代巡宫喜宴处、福安宫征选乐手处、石牌公园等景点，再沿恒春老街回到西门，沿途除介绍电影景点外，也会介绍恒春历史、古迹及美食小吃。许多恒春当地的餐厅和酒店更是顺势推出了当地特色"海角餐"，如和风照烧友子排、马拉桑槟榔花等，还有海角包、海角七号子排、去它的台北、马拉桑特调等菜。

案例分享

指环王拉动新西兰旅游

2004年热映的奥斯卡大片《指环王》不仅让中国影迷过足了戏瘾，更给岛国新西兰提供了宣传旅游的好机会，也让一些上海旅行社抓住了开发国际旅游新线路的大好契机。记者昨日获悉，借着《指环王》在上海上映点燃了观众的激情，沪上几家大型国际旅行社都在考虑，在原有新西兰旅游线路的基础上，重新包装推出探访新西兰南北岛各大新奇景点的"魔戒"主题游。

上海国际旅行社出境部的田先生表示,国旅目前已经开始考虑推出"指环王魔戒之旅"。但因为现有的新西兰旅游线路也颇受游客的欢迎,如果要引入观众感兴趣的《指环王》系列电影拍摄外景地等作为旅游项目,那么该主题游的价格可能要比平常的新西兰游高出一点。

新西兰国家旅游局最近发表的一项调查显示,每十个到新西兰旅游的外国游客中,就有一个声称是被《指环王》吸引来的,并且,这股热潮短期内不会停止。业内人士就此分析,电影、比赛等娱乐活动会让观众感同身受,从而产生想身临其境的愿望——旅游成了满足这种愿望的最好方式。所以,结合热门的文娱活动进行深度旅游和特色旅游线路的开发,将会成为旅行社开发新品的趋势之一,也将越来越广泛地被消费者认同和接受。

(整理于青年报网)

(二)社会热点促生的旅游线路

2008年,全球瞩目的"神舟七号"载人飞船发射在即,一条新闻引起轰动,那就是观看"神七"发射的旅游项目炙手可热。虽然最后出于安全和保密考虑被叫停,但是其对旅游的拉动作用由此可见一斑。本次"神七"发射开始时,同样有少量参观访问门票对外发售。不过,"神七游"门票价格已经从2007年"嫦娥游"的每张800元,飙升到了每张1.5万元。

据旅行社工作人员介绍,这些费用包括机场接送,4日的酒店吃、住、行,观看"神七"发射,以及飞往酒泉卫星发射基地的单程机票。但即便能够承担比较高昂的费用,普通市民本次也很难成行。因为从目前情况来看,这些门票将只向媒体开放,参加人员必须提供详细单位介绍信、身份证明等文件,而且门票数量也极为有限。

案例分享

旅行社巧做红娘

现代人由于工作节奏快、工作压力大,很多男女青年错过了婚恋的最佳时机,不小心踏入了"剩男剩女"的行列。个人着急、亲戚朋友都为之着急,一时间成了一个让人头疼的社会问题。

本来与旅行社八竿子打不着的问题,却被郑州一家旅行社的工作人员嗅出了商机。他们在农历七月七日传说中牛郎织女相会的日子,策划了单身男女结伴同赴神农山的旅游线路。旅行社还有创意地邀请了一位在当地主持一档影响极大的情感类节目的主持人随行,一时之间男女青年蜂拥而至,活动不得不加开了多个班次。

(三) 大型会展与旅游线路的组合

2010年世博会开幕前后,许多省市借助世博先机,推出了许多条围绕世博会的旅游线路,取得了巨大的社会与经济效益。

2009年5至10月安徽的游客量是6800万人次,按原计划2010年增长10%预算2010年游客会达到7500万人次左右,因为世博会的推动作用,2010年5至10月创下8100万人次的游客量,增幅近20%。

江苏旅游业增长也十分显著。江苏省2010年1至9月吸引游客数达到2亿人次,较去年同期增长20%,预计到年底将创下3亿人次的历史最高值,世博会的贡献功不可没。

据浙江省旅游局统计显示,世博客流也纷纷涌向浙江,乌镇、西塘成为出游排名靠前的景点,杭州、嘉兴、湖州、绍兴、宁波等邻近城市迎来了大量团队车和自驾车。除了丰富的自然、人文旅游资源,江苏、浙江、安徽以及上海等地抓住召开世博会的机遇,积极进行旅游宣传推介,合作开发客流,实现共赢,成为各地旅游业大幅增长的推手。

(四) 旅游线路与社会公益事业的结合

碧流婉转、梯田层层、游人如织,是广西龙胜各族自治县龙脊景区一年四季的真实写照,是龙胜走开发式旅游扶贫路子,带动贫困山区少数民族群众脱贫致富的一个缩影。

据统计,自桂林市旅游局开展"桂林+龙胜旅游线路"旅游扶贫工作以来,已直接和间接地带动了4.5万人脱贫。十几年来,龙胜旅游接待人数和旅游收入年增长速度都保持在18%左右,累计接待游客达450万人次以上,为各族群众带来了可观的经济收入,旅游产业已成为龙胜各族群众脱贫致富最有效的途径。

☞ 案例分享

心灵在旅游中升华

地处中国西部的宁夏回族自治区,虽然拥有富饶的宁夏平原,但是在南部的山区,老百姓却处于赤贫状态。说是赤贫一点都不夸张,很多家庭几代人只有一床被子。孩子上学更是一种奢侈。银川某旅行社老总在考察线路的时候了解到此信息,回来后心情久久不能平静。他觉得帮助那些上不起学的孩子们也是旅行社义不容辞的责任。于是他们策划了一条主题为"奉献爱心"的旅游线路。

旅行社的这个活动让银川市民感觉很新奇,因为你要参加旅行社的线路还需要附加条件,那就是报过名签过合同之后,你要旅游成行,旅游出发时还必须带着本子、橡皮、课外读物等一些用于献爱心的物品,否则交了团款也有可能被拒绝。因为这次旅行除了观赏秀美的风景之外,还要到农村小学举行捐助活动。许多游客回来后认为自己的心灵得到了一次升华。

（五）无中生有的旅游线路创意

原点旅游产品是指旅游目的地即为旅游客源地，在无明显位移情况下的旅行社的旅游经营活动。2005年初，王祖淦先生独创性地提出"旅游原点营销"这个概念，并特别选择全国旅游经理人在年度市场进入空白期、也是最无奈的冰点时段，成功地在他的实验平台——天津市黄土地旅行社作为常规旅游产品系列地应用并取得良好的社会反响和经营业绩。这不仅是他近百个营销策划的又一次成功之举，也不单是继"山村版圣诞狂欢夜"、"静态旅游主题活动"、"反季节营销：滨海游"等对旅游淡季营销研究和实验的又一次成功尝试，更是一次在中国经济转型时期对旅游核心理论的大胆突破与创新。本案的神奇之处也并不是单一无中生有的创造，而是将诸多的不可能都集于一身并变成现实。在中国旅游市场营销进入举步维艰的困惑时刻，再一次地验证：没有新思路就没有新出路。

场景一：

一九二九，在家孤朽；三九四九，冻破茶酒；五九六九，沿河看柳；七九六十三，行路的人儿把衣袒；八九连九九，从此犁牛遍地走……

阳历年过后阴历年还没到来之时，是北方一年中最寒冷的时候。三九四九的天气，寒凝大地，冰封雪降。路上行人稀少，人们都尽可能地减少外出，躲在自己温暖的家里；那些不得不外出的人们也是穿着厚重的衣物，缩手缩脚地躲避着瑟瑟的寒风；上班的人匆匆行走于单位和家两点一线之间。这就是北方的寒冬，单一的颜色，单调的生活。

冬季是华北地区的旅游淡季，特别是在三九四九之时，更是到了年根儿，旅游业随即进入了一年中的淡季中的淡季。山秃了，树枯了，河冻了，只剩下呼呼的西北风，谁也都没有游山玩水的心气了。

中国北方，天津。2005年1月28日（阴历腊月十九），距大年三十还有十一天。这天，天亮得很晚，又刮了一宿的西北风，天雾蒙蒙的，看不清太阳的轮廓。上午9点钟开始，南京路上陆续看见有三三两两的老年人在集合，有的是老夫妇俩，有的是老年朋友搭伴，有的是腿脚不方便让儿女陪伴的，都聚集在旅游巴士前。过路的人很好奇，"从三九开始就总看见有老年人出门儿去旅游，到今儿都五九了，老人家这是去哪儿折腾啊？""去动物园嘛！""天津动物园？往前走拐个弯不就到了吗！这大冬天的，还真是老小孩了！"

老年游客们脸上洋溢着孩子般的笑容，在北方最冷的季节里，来到天津动物园。令旁人不解的是，本来轻易不会在数九寒冬出门的老年人却成群结队地出来旅游；本可以自己坐公交车或出家门溜达一会儿就能走到的动物园，却非跟天津市黄土地旅行社的车来一日游;本来是适合儿童游玩观赏动物的场所,一群老人们却玩得津津乐道、别开生面;本来寒冬已经是无人再光顾的动物园,却隔三岔五地迎来一批又一批的银发老人接踵而至,到今天已经是第五批了……

场景二:

2005年1月15日,早9:30,天津南京路集合地点。

一位年逾60的老大爷来到了活动的发车地点,无论如何非要上天津市黄土地旅行社组织的旅游巴士。他说,得知这次旅游活动的安排后,十分想来报名,但由于家住得太远,天气又冷得出奇,只好等到发车时再过来碰碰运气,希望能参加这次活动。由于当时车上已经没有空余座位了,最后这位老大爷的愿望还是没能实现,他不得不又骑自行车回家了,留下了些许遗憾。

这位老人家住白庙,地处天津市河北区,距南京路集合地点有十几公里,一般人就算在天气好的情况下也需要骑近一个小时车才能到达。在数九隆冬的1月份,在一个寒冷的早上,是什么力量促使这位年逾60的老人在没有报名的情况下,情愿花费一个多小时骑车十几公里来碰碰运气,来参加旅行社组织的旅游团呢?难道是天津市黄土地旅行社有什么魔力吗?难道是2005年1月份有什么特别吸引老年人的地方吗?

场景三:

时间:2005年1月18日

地点:天津奥林匹克体育中心建设工地上

被访人物:本案策划人——王祖淦

记者:"您作为中国旅游营销策划实战专家,曾经策划过一百多个成功的案例。那么,这次的策划基点与以往有什么不同之处呢?"

王祖淦:"我这么多年作过很多策划,像'做两天山里人'、'股民与股评家同行'、'山村版圣诞狂欢夜'、'相约中国神舟五号载人航天飞船首次发射现场'等,都是我对不同类型的旅游产品模式的研究和创新。相比之下,今天这个策划更具有针对性。通过这个策划,我着重要研究和解决在中国经济转型时期,中国旅游界理论与市场脱节的一些具体问题。特别是我在本案首创了旅游原点营销概念,是对旅行社业经营理论的一种突破,也可以说是颠覆。而天津市黄土地旅行社在此次策划活动中,依然是继续在做旅游淡季市场营销的尝试。"

记者:"您是如何产生这个策划创意的?"

王祖淦:"淡季是困扰旅游业经营的一大难题,旅行社都苦于淡季无生意可做。其实市场上并不缺少'生意',只是旅游经理人缺少对'生意'的观察能力。我经常说,没有不景气的市场,只有不景气的企业和不景气的人。拿这次产品策划来说,如果我们按常规旅游概念来做,今天这个策划案就绝对是不可能实现的,但是颠覆就是源于一切皆有可能的科学思维。一切创意都来自于社会,来自于对生活的观察。平时我可能根本就想不起动物园这么个地方,但前一段时间,我经常开车路过天津动物园,看到动物园门前特别冷清,根本没有游客。在常人看来,冬天里动物园冷清,不会有任何的游客,纯属正常。但我觉得正是因为它没有游客,才引起我的注意,才能成为我的商机。没有需求,可以创造需求。'市场是创造出来的',策划人就是要善于'无中生有'嘛!"

(六)旅游线路与生态保护的结合

随着社会的进步和国民文明程度的提高,那种认为只要自己第一个踩上脚印的才叫"生态旅游"的旅游线路已经逐渐被大家所忘记,取而代之的是许多提倡"零排放"、"零污染"、"低碳"的一些旅游线路。众所周知,旅游活动的副作用之一就是对旅游目的地生态系统的污染与破坏,那么如何做到"零排放"与"零污染"呢?许多旅行社各尽所能,为我们设计了许多特色的环保旅游线路。比如北京有的旅行社就推出赴科尔沁沙地植树旅游的活动,他们在给北京带去沙尘暴的沙地上种上树木,将垃圾分类装袋带出。一方面草原沙漠奇伟的风景令人震撼,另一方面这种有意义的活动又让这次旅游极富社会责任感。当然一些登山爱好者将自己产生的垃圾自觉带下山,已经成了一种共识。

☞ 案例分享

"零排放"的诺日朗餐厅

诺日朗餐厅的洗手间没有水龙头,出口处工作人员会为游客递上一片湿巾,原来餐厅为了控制污水排放量,不设洗手池。

诺日朗餐厅同时可容纳5000人就餐,旅游高峰期时1万名游客可在两个半小时内用餐完毕。餐厅的操作间足有280平方米。与别的餐厅不一样的是,送到诺日朗餐厅的是已经在景区外洗、切好的净菜。厨师们要做的是将这些菜品入锅翻炒。而身着浅绿色制服的工作人员则将炒好的菜分类装入可推动的自选餐车上,供游客自行挑选。操作过程中产生的污水将直接通过水管排入罐装车,接满一罐就拉一车走,让污水不经过九寨沟直接运到景区外进行处理。诺日朗旅游服务中心已投资850万元在景区外收购了一家宾馆,距九寨沟18公里。经过改装后,诺日朗将把这家宾馆作为餐厅的配送中心和职工宿舍,预计两个月后配送中心可正式投入使用。届时,所有的食物将全部加工成类似民航食品那样的配餐。食物送入"诺日朗餐厅"后,只需入微波炉加热后即可食用。

那时候九寨沟就真的连火也不用开了,没有油烟熏烤,九寨沟就更像一位"不食人间烟火味"的仙子了!

(整理自新华网四川频道)

第五节 旅游线路广告促销

一、旅游促销的概念

旅游促销是指旅游营销者通过各种媒介将旅游目的地、旅游企业及旅游产品的有关信息传播给潜在购买者,促使其了解、信赖并购买,以达到扩大销售的目的的一种活动。旅游促销的根本目的在于激发目标旅游者的购买欲望,促使游客购买行为发生。

二、旅游促销组合

(一)广告

指旅行社按照一定的预算方式,支付一定数额的费用,通过不同的媒体对产品进行广泛宣传,促进产品销售的传播活动。

(二)销售促进

指旅行社为刺激消费者购买,由一系列具有短期诱导性的营业方法组成的沟通活动。

(三)公共关系与宣传

指企业通过开展公共关系活动或通过第三方在各种传播媒体上宣传企业形象,促进与内部员工、外部公众良好关系的沟通活动。

(四)人员推销

指旅行社派出推销人员或委托推销人员,直接与消费者接触,向目标顾客进行旅游线路介绍、推广,促进销售的沟通活动。

(五)直接营销

指企业与购买者进行商品与服务的交换过程中,为了从潜在顾客或消费者那里得到电话、邮件或亲自拜访的反应,通过对直接销售、直接邮件、电话营销、直接行动广告、目录销售、有线电视销售一种或多种方式进行整合,从而对群体施加直接影响的活动。

三、旅游促销策略

(一)影响旅游促销策略选择的因素

(1)旅游促销目标。不同的促销目标需要不同的促销组合来实现。

(2)旅游产品生命周期。一般来说,在旅游产品生命周期的不同阶段,不同的促销方法产生的效果也不同。

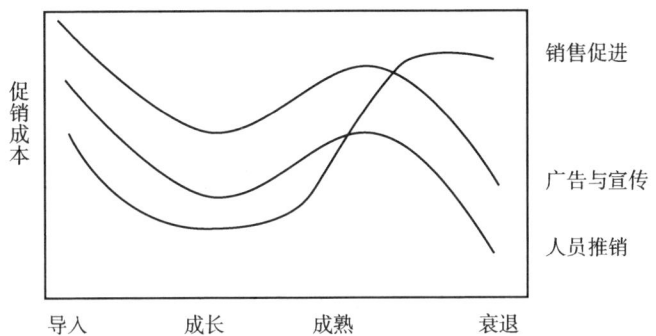

（3）旅游产品和市场特征。不同的促销方法在不同的产品、不同的市场中的重要程度不同。

（4）旅游企业特征。旅游企业由于其经营规模、资金实力、市场覆盖率不同，其旅游促销组合也有差别。

（二）旅游促销策略的类型

1. 推拉策略

推式策略（Pushing Strategy），着眼于积极地推销，把本企业的产品直接推向目标市场，表现为用推销人员与中间商将产品推入销售渠道，并向前推销给消费者。拉式策略（Pulling Strategy），是立足于直接激发旅游者对旅游产品的注意和兴趣，促使其主动向旅行社或其他中间商寻求旅游服务，最终达到把旅游者逆向拉引到旅游企业或旅游目的地，实现旅游产品的销售的目的。

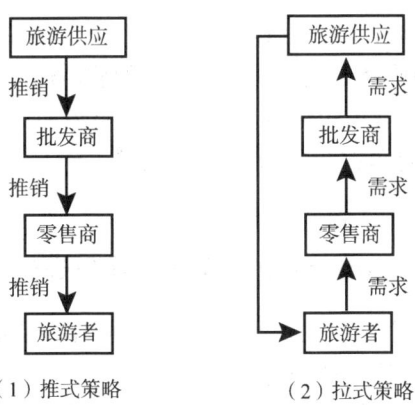

2. 锥形突破策略

锥形突破策略是一种很奏效的非均衡突破策略，是指旅游地或旅游企业将自身的多种旅游产品排成锥形阵容，而以唯我独有、最具招徕力的拳头产品作为开路先锋，以求像锥子一样迅速突破市场，然后分梯级阶段连带，层层推出丰富多样的旅游产品。这种策略就是采用人员推销、营业推广为主，辅之以广告宣传的促销组合策略。

3. 创造需求策略

马斯洛需要层次理论告诉我们，人类有五大需要，当人们最基本的需求得到满足以后，他们就会追求更高层次的需要。销售人员的工作就是引导需要，创造需要，然后满足客户的需要。

第六节　实体旅行社旅游产品开发战略

目前，在线旅游的自助、半自助的旅游方式逐渐受到年轻人的青睐，这对实体旅行社影响巨大。究竟在这一场新旧旅行方式所带来的关于旅行市场产品、旅游产业链条之间的博弈在未来将会怎样，传统旅行社应该如何改变发展思路迎接挑战，成了旅行社需要迫在眉睫需要研究的内容。

一、传统旅行社推出多元化、个性化的旅游产品

面对在线旅游的兴起，传统的旅行社怎样做战略性调整呢？对于传统旅行社而言，服务仍是做好旅游市场的重点。随着旅游成为日常生活消费的一部分，整个旅游市场的总量也在不断增大，只要找准游客需求，传统旅行社的组团空间依然很大。与在线旅游商相比，传统旅行社庞大的资源整合能力、服务性、专业性等是传统旅行社的优势。

随着旅游市场的发展，游客旅游经验的丰富，个性化旅游需求扩大将促使更多游客选择以更多样化的旅游方式追求独一无二的旅游体验。目前传统旅行社正相应地调整自身的旅游产品，推出更多元化的旅游服务和旅游产品。例如具有特色的深度游，兼顾跟团游的实惠和自由行个性化需求的"团队半自由行"、量身订造的"定制游"等。

二、在线旅游前景突出，移动互联网将是争夺未来旅游市场的关键

年轻群体选择更具个性化的旅行方式是旅游行业市场化演变的一个必然结果。在这一过程中，传统旅行社会逐渐失去原来的大量年轻客户。如何推出个性化旅行社产品，留住学生、老年客等在自由行方面能力欠缺、对价格敏感度比较高的群体，是传统旅行社需要重点考虑的问题。

一方面，随着近几年互联网的飞跃式发展，在线旅游渗透率也在增长。但另一方面，行业数据显示，目前国内在线旅游渗透率仅10%左右，而在西方发达国家这一比率将近60%。在我国目前在线旅游渗透率明显过低，市场占有率也远远不

足。随着年轻的主力消费人群慢慢成长,他们通过互联网消费习惯逐渐养成和稳定,在线旅游市场将大幅提升,旅游出行未来必定以在线旅游市场为主。但在一定时间内,传统旅行社的市场仍占较大比例。

面对在线旅游的兴起,传统旅行社要顺势而变,一是在经营方向上做好自身定位,瞄准自己的目标人群,提供更多个性化的产品。二是要多渠道联合,拓展在线旅游,完成自身网站建设,拓展第三方旅游电子商务平台,重视移动互联的先机(手机 APP、微信等),形成全渠道态势。相比于竞争激烈的传统互联网,移动互联网也必将成为未来所有旅游企业的发展关键,传统旅行社要及早跟进。

思考与练习

一、名词解释
1. 市场调研
2. 旅游线路设计创意
二、简答题
1. 旅游线路设计市场调研的方法有哪些?
2. 旅游线路市场调研的流程是什么?
三、案例分析

《印象·丽江》营销丽江

2006 年 7 月 23 日,大型实景演出《印象·丽江》雪山篇终于在海拔 3100 米,世界上最高的实景演出剧场——云南丽江玉龙雪山的甘海子蓝月谷剧场正式公演。

整个演出以雪山为背景,以民俗文化为载体,由 500 名来自 10 个少数民族的演员倾力出演。来自纳西族、彝族、普米族、藏族、苗族等 10 个少数民族的 500 名普通农民是《印象·丽江》雪山篇的主角,他们的家乡就是云南的丽江、大理等地的 16 个村庄。这些非专业演员用他们原生态的动作、质朴的歌声和滚烫的汗水带给了观众心灵的震撼。

于是,《印象·丽江》大获成功,很多旅行社纷纷将观看《印象·丽江》演出添加到旅游产品的行程当中,以吸引游客。而正是由于以《印象·丽江》为代表的这些旅游演出成功的典型事例,正改变着我国文化艺术的生产方式和生存方式,极大地促进着文化产业的发展和创新。

讨论:
《印象·丽江》的创意基点是什么?
四、实训项目
对你家乡的居民做个旅游线路指向的市场调研,并作出调研分析。

第五章 旅游线路设计实例评析

引 言

鲜活的案例最有说服力，本章摘选了中国目前最具代表性的成熟旅游线路进行优劣势评析，以求对线路设计提出的理论进行论证，从而强化理论的指导作用。

学习目标

1. 掌握旅游线路科学的编排能力
2. 了解旅游线路编排方法

第一节　郑汴洛、云台山旅游线路

D1：早在郑州集合乘车赴中国武术之乡——登封，车览中岳嵩山景观，游览禅宗祖庭、少林武术的发源地【少林寺】(约2.5小时)，游览常住院、塔林、观看少林武术表演，结束后乘车赴十三朝古都——洛阳(约1小时)，游览世界文化遗产、中国最大的皇家石刻艺术宝库【龙门石窟】(约2.5小时)，潜溪寺、宾阳三洞、万佛洞、奉先寺等；欣赏洛阳三绝之一——洛阳唐三彩(约20分钟)；游览结束后返程，约19：00左右抵达郑州。宿：郑州。

D2：早在郑州集合乘车赴七朝古都——开封(约1.5小时)，游览使您有"一朝步入画卷，一日梦回千年"之感的大型宋代主题公园【清明上河园】(约3小时)或【天波杨府】(40分钟)、北宋朝清官包拯纪念地【包公祠】(约1小时)、中国现存最古老的琉璃佛塔天下第一塔【铁塔】(约1小时)，车览仿宋文化一条街——宋都御街，免费品尝开封土特产(约20分钟)。宿：郑州。

D3：早郑州集合出发，赴世界地质公园、国家5A级风景区【云台山】(约2.5小时)，参观素有"盆景峡谷"盛名的华夏第一奇峡红石峡(白龙瀑、首龙瀑、一线天、含羞石、双龙桥、逍遥石等景点)，下午观有"华夏第一秀水"之称的小寨沟(龙蛇潭、情人瀑、不老泉、点将台、丫子瀑、龙凤壁等景点),老潭沟观赏"华夏第一高瀑"——落差314米的"云台天瀑"(季节性瀑布)或猕猴谷(约2小时)观太行猕猴。结束后在景区用晚餐。宿:云台山。

D4:早餐后游览云台山的主峰——茱萸峰(约3小时),体验飞驰于叠彩洞的惊险刺激,呼吸国家级森林公园的新鲜空气。午餐后自由游览万善寺(约1小时),结束后免费品尝当地土特产——位于方庄镇的特产超市(不超过40分钟)。返郑州,结束愉快之旅。

标准:

1.往返空调旅游车。

2.景点第一大门门票。

3.全程优秀导游服务。

4.郑州准三星级或同级宾馆标准间;云台山景区2~3人标准间(出现单房差自理)。

5.以上行程不含餐。

6.1.1~1.4米儿童只含车位费、门票费用,餐费、住宿费用须自理。

评析:

郑汴洛、云台山旅游线路是河南省旅游资源最精华部分的组合,也是河南省旅游局主推的特色旅游线路。经过近20年的发展,此线路已经开发得相对比较成熟,但是在各个旅行社在编排科学性上尚有许多值得商榷之处。

优点:

(1)最短的时间游览河南最精华的旅游景点。

(2)景点布局合理,张弛有度。

(3)旅游六大元素的融合有所体现。

(4)线路布局合理,最大限度地避免了走回头路。

(5)各个景区时间安排紧凑合理,游客劳逸适度。

(6)克服了一直困扰河南旅游的景点旅游资源重复性强的劣势,人文、自然、主题公园安排合理,相得益彰。

(7)由于地处中原,交通方便,景区的可进入性非常强,城市线路的依托地位明显。

缺点:

(1)线路更新缓慢,许多新的旅游景点和项目没有及时增加进去。

(2)为了赶时间,一些旅游娱乐项目游客无法体验,如在全国具有一定影响力的《禅宗音乐大典》《大河秀典》《大宋东京梦华》等。

(3)特色餐饮在线路中没有体现,开封第一楼的包子、郑州合记烩面、洛阳水席,在游客心目中都是值得品尝的,错过非常可惜。

(4)线路中住宿安排仍旧使用了国家旅游局明令禁止的"准三星"这种含糊的说法。

(5)各景区景点逗留时间安排不够科学,比如云台山红石峡等三个主要景点仅安排2.5个小时,而非主要景点猕猴谷却安排2个小时的参观时间。

第二节 汉唐古韵、丝路探奇旅游线路

旅行社:南京××旅行社
线路名称:汉唐古韵、丝路探奇——丝绸之路专列十日游
出发城市:南京
目的地:南京
出发地址:中国南京×路
日期:7月22日出发(具体时间以铁道部门调令为准,行程10天)

D1:南京火车站凌晨4:25集合,乘"丝绸之路"专列出发,开始愉快的旅行。住火车上。

D2:沿途观赏风光。住火车上。

D3:凌晨2:52抵达嘉峪关。早餐后乘空调汽车游览长城全线中规模最宏伟、保存最完整的"天下第一雄关"——嘉峪关;下午乘车赴敦煌,沿途观赏空旷如海的大漠戈壁、千奇百怪的风烛地貌造型,远观桥湾古城、汉长城遗址;晚敦煌市自由活动,游览沙洲夜市。住敦煌。

D4:早餐后游览因"沙"、"泉"共存被誉为"沙漠奇观"的鸣沙山和月牙泉;午餐后游览当今世界保存最完整、规模最大的佛教艺术宝库——莫高窟,参观夜光杯厂;晚上22:30乘专列赴吐鲁番。住火车上。

D5:早8:45抵吐鲁番,乘空调汽车前往位于吐鲁番东北约60公里的木头沟峡谷中参观人工建筑《西游记》神话故事雕塑群——万佛宫、火焰山,游览葡萄庄园,参观古代三大文明工程之一的坎儿井;下午乘空调车赴乌鲁木齐市,沿途观赏亚洲最大的风力发电站、达坂城古镇、盐湖风景,到乌鲁木齐市后游览具有浓郁民族风情的二道桥国际大巴扎。晚自由游览著名的新疆小吃一条街——"五一"星光夜市(晚餐在夜市自理)。住乌鲁木齐市。

D6:早餐后游览天山天池旅游胜地。天池古称瑶池,湖水清澈,绿如碧玉,四周雪山环抱,景色秀丽。午餐后前往乌鲁木齐市以南哈萨克牧民居住的地方——南山牧场,这里绿茵一片,水草肥美,充分体验牧民逐水草而居的游牧生活。住火车上。

D7：凌晨0：08乘专列开始返程。

D8：沿途观光，晚21：28抵达西安，入住酒店。

D9：自由活动（可自选前往位于西安东北35公里临潼骊山脚下的兵马俑博物馆，一起感受秦陵的伟大，参观1、2、3号坑及动感电影院，后参观华清池、钟鼓楼广场），晚21：40乘专列返回南京。住火车上。

D10：下午18：00抵达南京，结束愉快旅行，返回温暖的家。

交通：全程空调旅游专列，景区间用车为空调旅游车。

门票：景点大门票（含西安段须加170元/人）。

住宿：全程为二星级或同级宾馆双标间或三人间。

用餐：三早七正餐（火车上自理）。

导游服务：全程优秀导游服务。

报价：

成人：上铺2580元/人，中铺2680元/人，下铺2780元/人

儿童：600元/人（1.2米以下只含当地车位、导服、旅行社责任险，火车上与成人合铺，其余自理）、780元/人（1.2米以下只含车位、餐费、导服、旅行社责任险，火车上与成人合铺，其余自理）、1480元/人（1.2米以上含门票、餐费、车位、导服、旅行社责任险，火车上与成人合铺）、2530元/人（1.2米以上含火车上铺位、门票、餐费、车位、导服、旅行社责任险）。

备注：

1. 铁道部门乘客分组销售规定：一人为中铺、二人为上下铺、三人为上中下铺；

2. 具体行程、接待标准以最终所签合同为准。

特别提示：

（1）请各位出发时带好身份证，以备使用；

（2）旅游期间，票据由导游统一保管，团员应听从导游安排，注意人身安全，保管好贵重物品；

（3）在景点自由活动或晚间外出时，要注意安全，要随身携带酒店的名片，不随便和陌生人搭讪，以免被骗，如遇不清楚情况应向导游员询问后再作决定；

（4）请出门时带上常用药品，如遇身体不适，请及时向随团医生及导游员提出，以确保身体健康；

（5）西部夏季炎热，空气干燥，注意补充水分，注意防晒护肤，建议带长袖单衣备用（7月正常气温17℃~32℃），昼夜温差较大；

（6）新疆瓜果品种繁多，但食用不宜过量，以免上火，食用葡萄后短时间内切忌喝开水；

(7)新疆是少数民族聚居地,大部分少数民族信仰伊斯兰教切忌在伊斯兰教徒面前提猪或大肉等言辞;

(8)7月新疆日出时间在6:00左右,日落时间在晚22:00左右;

(9)如遇人力不可抗拒因素造成游览变化或重大调整,顺延或提前终止时,游客应积极配合旅行社,旅行社只负责退还门票差额,不承担其他损失。

服务特色:

(1)服务质量的超值提升——严格按接待标准操作团队,全程接受旅游质监部门的监督,专列往返可将沿途精品旅游景点都游览到,实现一线多游的愿望。70岁以上的老人凭有效证件根据当地政策,如可享受门票减免待遇,门票差额返还给游客;

(2)安全周到的医疗保障、耐心细致的导游服务——导游人员均受过专业训练,经验丰富、服务耐心周到;

(3)电台媒体的倾情加盟——媒体记者随团采访,节目主持人与您同行;

(4)终生难忘的集体生日——活动期间过生日者,我公司将举办隆重的集体生日庆典,赠送精美的生日礼物;

(5)丰富多彩的文娱活动——旅游途中举办保健知识讲座、棋牌活动、篝火晚会、游戏活动;

(6)以家庭为单位,赠送专列VCD光盘一张。

优点:

(1)粗犷的大西北旅游景观充满神秘感对游客有较强的吸引力。

(2)安排了少数民族风情景点和品尝地方风味的活动,整个行程旅游项目丰富多彩,能够满足游客的猎奇心理。

(3)嘉峪关、敦煌、吐鲁番、兵马俑等旅游项目价值高,吸引力强,能让游客有物有所值的感受。

缺点:

(1)旅游线路占用时间过长,游客会很疲倦。

(2)交通工具单一,缺乏多样性。

(3)游客能够参与的娱乐项目比较少。

(4)景点间的距离均比较远,沿途景观又比较单调,所以游客兴奋点缺乏连贯性。

第三节　青藏高原科考旅游线路

青藏高原素有亚洲"江河源"、"生态源"的美称,平均海拔 4000 米以上,是亚洲许多大江大河的发源地,是北半球气候的"调节区"和"启动器",在全球生态环境保护战略中占有十分重要的地位。

青藏高原不仅拥有独特的自然环境,生物资源也异常丰富,仅西藏自治区国家重点保护的野生动物就有 125 种,野生植物 39 种。

此外,青藏高原上散落着众多世界顶级的旅游文化资源,布达拉宫、大昭寺、罗布林卡均列入世界文化遗产。有专家认为,青藏高原旅游应走高端路线,特别是在对青藏高原一些特殊的文化旅游资源开发方面。

许多游客将赴青藏高原旅游作为毕生的追求与梦想。但是,由于旅游接待基础设施较差、景点环境恶劣、生态环境脆弱,旅行社策划青藏高原旅游线路较之于其他地区的线路更多了一些不确定因素。

线路1:(探访昆仑山、道教寻祖游)

D1:从青海省会西宁出发游览日月山、青海湖、茶卡盐湖。宿茶卡或都兰。

D2:前往都兰、格尔木;途中欣赏戈壁风光、沙漠绿舟香日德、班禅行宫。宿格尔木。

D3:前往昆仑山口,参观青藏铁路二期工程起点,后游览昆仑神泉、玉珠峰、无极龙凤宫、碑林、昆仑山口,眺望可可西里。宿格尔木。

D4:游览万丈盐桥、盐湖奇观、胡杨林,体验蒙古族风情。宿格尔木。

D5:返西宁(进入甘肃)。

游览景点:日月山、倒淌河、青海湖、茶卡盐湖、香日德、班禅行宫、昆仑山口、青藏铁路、昆仑神泉、玉珠峰、无极龙凤宫、碑林、万丈盐桥、盐湖奇观、胡杨林。

线路2:(柴达木盆地探密旅游线)

D1:西宁至德令哈,沿途欣赏青海湖、金银滩、天峻大草原。宿德令哈。

D2:游克鲁克湖、托素湖(外星人遗址)。宿德令哈。

D3:德令哈至格尔木,沿途欣赏大漠戈壁风光、万丈盐桥、盐湖奇观。宿格尔木。

D4:前往昆仑山口,游览参观青藏铁路二期工程起点和青藏铁路,昆仑神泉、玉珠峰、无极龙凤宫、碑林、昆仑山口、沱沱河、长江源头,眺望各拉丹东雪山。宿沱沱河。

D5:返格尔木休整(或进入西藏)。

D6：参观胡杨林，体验蒙古族风情。宿格尔木。

D7：返西宁（进入甘肃）。

游览景点：德令哈、克鲁克湖、昆仑山口、建设中的青藏铁路、一步天险、昆仑神泉、玉珠峰、无极龙凤宫、碑林、长江源头纪念碑、万丈盐桥、盐湖奇观、胡杨林。

线路3：（昆仑道教寻祖旅游线）

D1：西宁至茶卡，途中游日月山、青海湖、参观茶卡盐湖。宿茶卡。

D2：茶卡至格尔木，途中参观班禅行宫、欣赏戈壁风光。宿格尔木。

D3：格尔木休整。宿格尔木。

D4：无极龙凤宫、昆仑山岩壁画、昆仑山门、玉虚峰。野外宿营。

D5：玉虚峰朝拜，赴西王母瑶池朝拜。野外宿营。

D6：玉虚峰至格尔木，购物、休整。

游览景点：昆仑山口、青藏铁路、昆仑神泉、玉珠峰、无极龙凤宫、玉虚峰、西王母瑶池。

线路4：（南丝绸之路旅游线）

D1：西宁至茶卡，途中游日月山、青海湖、参观茶卡盐湖。宿茶卡。

D2：茶卡至格尔木，途中参观班禅行宫、欣赏戈壁风光。宿格尔木。

D3：前往昆仑山口，参观青藏铁路二期工程起点和青藏铁路、昆仑神泉、玉珠峰、无极龙凤宫、昆仑山口。宿格尔木。

D4：（进入甘肃）。

格尔木至敦煌，途中参观察尔汗盐湖、大柴旦湖、敦煌古城。宿敦煌。

D5：敦煌至哈密，参观鸣沙山、月牙泉、莫高窟。宿哈密。

D6：哈密至吐鲁番，参观火焰山、葡萄沟、千佛洞、阿斯塔那古墓。宿吐鲁番。

D7：吐鲁番至乌鲁木齐，参观苏公塔、坎儿井、交河古城、高昌古城。宿乌鲁木齐。

D8：乌鲁木齐至天山天池，参观天池。

游览景点：日月山、倒淌河、青海湖、茶卡盐湖、香日德、班禅行宫、昆仑山口、青藏铁路、昆仑神泉、玉珠峰、无极龙凤宫、碑林、万丈盐桥、盐湖奇观。

线路5：（江河之源旅游线）

D1：青海省会西宁塔尔寺、日月山、青海湖。宿帐房宾馆。

D2：经共和抵达玛多，沿途远眺阿尼玛卿雪山。宿玛多县。

D3：黄河第一桥，扎陵湖、鄂陵湖、黄河源头纪念碑（牛头碑）。宿玛多县。

D4:途经巴颜喀拉山口、星宿海,抵达玉树结古镇,沿途参观三江源纪念碑、唐僧晒经台。宿结古镇。

D5:参观结古寺、新寨嘛呢石堆,感受独特的康巴藏族风情;7月可参观赛马、歌舞盛会。宿结古镇。

D6:文成公主庙、勒巴沟岩画。宿结古镇。

D7:巴塘草原风光、班庆寺。宿结古镇。

D8:返西宁或进入西藏。

游览景点:塔尔寺、日月山、倒淌河、青海湖、远眺阿尼玛卿雪山、黄河第一桥、扎陵湖、鄂陵湖、黄河源头纪念碑、三江源纪念碑、唐僧晒经台、结古寺、赛马会、文成公主庙、勒巴沟岩画、新寨嘛呢石堆。

线路6:(马可波罗汽车探险旅游线)(全程越野车)

D1:西宁至都兰,游日月山、青海湖、茶卡盐湖。宿都兰。

D2:都兰至格尔木,游吐蕃王朝古墓。宿格尔木。

D3:格尔木一日游,玉珠峰、昆仑山口。宿格尔木。

D4:格尔木至花土沟,万丈盐桥、魔鬼城、戈壁石油城。宿花土沟。

D5:(进入新疆)花土沟至且末,游石棉产地,赏南疆风光。宿且末。

D6:且末至和田,购物、体验维吾尔族风情。(进入新疆)宿和田。

D7:和田至喀什,艾提尕尔清真寺,巴扎。宿喀什。

游览景点:日月山、倒淌河、青海湖、茶卡盐湖、吐蕃墓葬群、香日德、昆仑山口、青藏铁路、昆仑神泉、玉珠峰、无极龙凤宫、碑林、万丈盐桥、魔鬼城。

线路7:青藏高原汽车探险旅游线

D1:西宁至茶卡,途中游日月山、青海湖、参观茶卡盐湖。宿茶卡。

D2:茶卡至格尔木,途中参观班禅行宫、欣赏戈壁风光。宿格尔木。

D3:前往昆仑山口,参观青藏铁路二期工程起点和青藏铁路、昆仑神泉、玉珠峰、无极龙凤宫、碑林、昆仑山口、可可西里、眺望各拉丹东雪峰。宿沱沱河。

D4:(进入西藏)沱沱河至那曲,途中参观长江第一桥,唐古拉山口。宿那曲。

D5:那曲至拉萨,途中参观(纳木错神湖)、羊八井地热泉。宿拉萨。

D6:拉萨游览,布达拉宫、大昭寺、色拉寺、八廓街。宿拉萨。

D7:拉萨至江孜,途中游览羊卓雍、卡若拉冰川、白居寺。宿江孜。

D8:江孜至日喀则,红河谷外景地、扎什伦布寺、班禅大师灵塔。宿日喀则。

D9:日喀则至拉萨,途中参观雅鲁藏布江峡谷风景、藏族家访。宿拉萨。

D10:拉萨游览哲蚌寺、罗布林卡。宿拉萨。

线路8:走向神山——阿尼玛卿雪山转山之旅

D1:西宁至大武,沿途欣赏高原风光。宿大武。

D2:大武至雪山三岔口,徒步,欣赏草原游牧风光。野外宿营。

D3:雪山三岔口至茶昂,徒步,眺望阿尼玛卿雪山。野外宿营。

D4:茶昂至枯毛,徒步,欣赏冰川、高山植物。野外宿营。

D5:枯毛至昂学呼,徒步,阿尼玛卿雪山东侧全景、高山植物。野外宿营。

D6:昂学呼至扎德,徒步,阿尼玛卿雪山。野外宿营。

D7:扎德至恰木龙,徒步,冰川、高山植物。野外宿营。

D8:恰木龙至哈龙沟,徒步,冰川、高山植物。野外宿营。

D9:哈龙沟至白塔,徒步,阿尼玛卿雪山。野外宿营。

D10:白塔至三岔口,徒步,阿尼玛卿雪山、冰川。野外宿营。

D11:三岔口至大武,沿途欣赏高原风光。宿大武。

游览景点:阿尼玛卿雪山、高原风光。

优点:

(1)八条旅游线路均各具特色,风情独具,魅力无穷。

(2)沿途景观与内地差距较大,容易引起游客的游兴。

(3)独特的藏族文化会带给游客新奇的感受。

(4)人文景观与自然景观交错安排,张弛有度。

缺点:

(1)路途遥远,游客会感觉疲惫。

(2)高原自然环境与气候条件恶劣,容易引起游客身体的不适。

(3)沿途景观相对比较单调。

(4)交通、住宿、餐饮条件有限,相对于内地比较差。

(5)整个行程造价较高,不够经济。

(6)整个行程"科考"两字是卖点,但是没有落到实处。

第四节 红色旅游线路(以延安为例)

D1:早抵西安,早餐后,赴黄陵(车程约2.5小时),导游介绍陕北风情,游览中华始祖——黄帝陵、轩辕庙(约1小时),中餐后(约50分钟)赴壶口(车程约2.5小时),游气势磅礴、奔腾咆哮的黄河壶口瀑布(约40分钟),赴宜川(车程约1小时),晚餐后入住酒店。住宜川。

D2:早餐后,赴延安(车程约2小时)游览中共中央书记处旧址——枣园(约30分钟),游览中共中央"七大"会议旧址,延安文艺座谈会议旧址——杨家岭(约

30分钟),至延河大桥,眺望象征延安精神的导航塔宝塔山;中餐(约50分钟)后返西安(车程约4.5小时);晚餐后回酒店。住西安。

D3:早餐后,游世界上现存规模最大、最完整的古代军事城堡设施——明城墙(约1小时),参观聚源祥购物广场(约1小时)。中餐后游迄今为止亚洲最大的水幕喷泉广场——大雁塔北广场,欣赏音乐喷泉,感受大唐文化,后游览西安"晨钟暮鼓"——钟鼓楼广场(约2小时),品尝西安特色小吃。晚餐后送机(约1小时),于20:25乘坐MU2336次航班返回,22:20抵达上海浦东机场。

团队等级	四星级豪华等	三豪华等
单卧单飞5日	2245元/人	2085元/人
儿童地接	420元/人	儿童的费用不含住宿和景点门票,大交通费用根据实际计算。

优点:
(1)涵盖了陕北地区著名的红色旅游景点,旅游线路主题鲜明。
(2)时间合理紧凑。
缺点:
(1)景点间距离遥远,行程过于紧张。
(2)景点的核心吸引力不够强。
(3)整个旅游线路花费高,不够经济,容易使游客感觉物无所值。

第五节 河南省特色旅游线路推荐

一、最具文化内涵线路——"追寻文明足迹"线路

D1:

安阳行程起始,上午参观殷墟博物院(世界文化遗产,票价50元。浓缩了文字、金属冶炼技术、城池遗址等所有文明开启的精华)。

中午在文峰塔附近小吃一条街用餐,品扁粉菜、粉浆饭、烩菜、皮渣、血糕、内黄灌肠、关家酥烧饼(30元每人吃出特色与满足)。

下午参观中国唯一的文字博物馆(安阳标志性文化设施,文字主题博物馆。免费开放,但需要预约,每人最多预约5张)。

参观后乘车赴郑州,动车1小时二十分左右(票价65元左右),住宿火车站广场天泉大酒店(标间120元每间),晚餐到德化步行街北口品蔡记蒸饺与馄饨(按

30元每人标准)。

D2：

上午参观大河村遗址,大河村遗址属全国重点文物保护单位。遗址包含有仰韶文化、龙山文化、商代文化三个不同历史时期的内容(凭有效证件免门票)。

中午在附近吃郑州特色烩面(20元每人,包括小菜,经济实惠)。

下午参观河南博物院。河南博物院有80多年历史,是国家级现代化博物馆,也是河南省规模最大的公益性文化设施,拥有众多国宝级文物(免门票,需要提前预约)。

晚上乘高铁赴洛阳(车程30分钟左右,票价25元左右。)晚住宿格林豪泰洛阳牡丹广场店(标间146元每间)。

晚餐到老洛阳面馆吃豫西特色面食(按30元每人标准)。

D3：

上午参观龙门石窟,龙门石窟是全国第一批重点文物保护单位,全国首批5A级景区,世界文化遗产,中国封建社会雕刻艺术巅峰之作,琳琅满目的石刻艺术品是中国传统文化与域外文明交汇融合的珍贵记录(门票80元)。

中午洛阳丽京门品洛阳小吃或者洛阳水席。(50元每人可以吃饱,很实惠)。

下午参观洛阳市最大的综合博物馆——洛阳博物馆新馆(门票20元)、隋唐洛阳城定鼎门遗址博物馆(门票40元,"十一五"期间大遗址保护的重点项目,丝绸之路跨国申遗项目的重要组成部分)。行程结束。

二、最具历史价值线路——"中原古墓葬文化旅游"线路

D1：

商丘行程起始,乘坐旅游大巴1.5小时到永城芒砀山汉墓群(车费每人35元,门票通票75元),可以参观所有的墓葬。芒砀山汉墓群是目前中国发现的年代最早、规模最大的汉墓群。出土的壁画价值极高,被誉为"敦煌前的敦煌",另有金缕玉衣等国宝级文物出土。

中午在附近镇上品永城风味牛肉煎包和胡辣汤(5元每人左右)。

下午返回商丘到步行街品尝黄森脊骨(每人50元足够),乘坐动车赴郑州(1小时20分,票价每人65元,晚宿天泉酒店,标间120元每间)。

D2：

乘火车1个小时抵巩义(票价每人10元左右),参观巩义宋陵(免门票)。巩义宋陵有皇帝及皇后、大臣等的陵墓300余座,是中国中部地区规模最大的皇陵群。现地上所存700多件精美石刻,具有重要的文物价值和艺术价值。

中午巩义用餐,可品尝巩义市老君烧鸡、邵鲜饺子、虎豹肉盒、西义兴卤肉、喂

庄烩面、柏峪排骨等当地名吃,每人50元吃得很好,后返郑州住宿天泉酒店(标间120元每间)。

晚餐到德化步行街北口品尝蔡记蒸饺与馄饨(按30元每人标准)。

D3:

乘动车1小时20分抵安阳(票价每人65元),上午参观曹操陵墓(门票价格尚未确定)。曹操陵墓是2009年度十大考古发现之一,在中国考古学界引起巨大的争议,尚有许多谜有待解开。

中午在文峰塔附近小吃一条街用餐,品尝扁粉菜、粉浆饭、烩菜、皮渣、血糕、内黄灌肠、关家酥烧饼(每人30元吃出特色与满足)。

下午参观窃国大盗袁世凯的陵墓袁林(门票30元)。袁林采用中西合璧的构筑手法,以中国古典传统形制为体,西洋建筑风貌为用,古今并存,风格殊异。行程结束。

三、最具人文精神线路——河南科普旅游线路

D1:

郑州开始行程,乘坐旅游大巴1.5个小时抵达登封(车费每人25元),上午参观嵩山地质博物馆(免门票),嵩山在大地构造上处于华北古陆南缘,在公园范围内,连续完整地出露35亿年以来太古代、元古代、古生代、中生代和新生代五个地质历史时期的地层,地层层序清楚,构造形迹典型,被地质界称为"五代同堂",实际上是一部完整的地球历史石头书。参观后可以在附近采集岩石标本(无费用)。

中午品尝登封烧饼、烩面(每人20元左右)。

下午坐旅游大巴赴洛阳车程1.5个小时(车费每人25元),到洛阳老面馆(每人50元)用晚餐后宿洛阳格林豪泰洛阳牡丹广场店(标间146元每间)。

D2:

上午参观洛阳古墓博物馆(门票25元)。洛阳古墓博物馆是一个以陈列历代代表性墓葬为主要内容的专题性博物馆,分历代典型墓葬和北魏帝王陵墓两大展区。

中午洛阳丽京门品洛阳小吃或者洛阳水席(平均每人50元可以吃饱,很实惠)。

下午坐车赴南阳西峡车程5个小时(票价每人50元左右),西峡用晚餐,可以品尝伏牛山山木耳等菜肴(每人50元标准)。夜宿西峡(标间100元每间)。

D3:

上午参观恐龙遗迹园(门票90元),中国南阳恐龙遗迹园是一座大型恐龙主题公园,由地质科普广场、恐龙蛋化石博物馆、恐龙蛋遗址和仿真恐龙园四部分组成,

是继"秦始皇陵兵马俑"之后的世界第九大奇迹。

中午用餐后赴南阳,可以品尝伏牛山山木耳等菜肴(每人50元标准,车费37元)。南阳结束行程。

四、最经典线路——郑汴洛+云台山精彩河南线路

D1:

开封开启行程。上午游览清明上河园(门票80元)。清明上河园是以宋代张择端的名画《清明上河图》为蓝本,集中再现原图风物景观的大型宋代民族风情游乐园。该园突出体现了观赏性、知识性、娱乐性、参与性和情趣性等特点。

中午去开封第一楼或者黄家包子店品包子(30元每人保证吃好)。

下午参观相国寺(门票30元)。相国寺是皇家寺院,鲁智深倒拔杨柳之地,历史上以佛乐闻名。后参观开封府(门票50元)。开封府是以宋代开封府衙为原型重新修建的主题文化景区。在此除了能够看到大批珍贵史料和展览外,还能够看到精彩纷呈的"开衙仪式"、"包公断案"、"榜前捉婿"、"演武场迎宾表演"、宋式舞蹈"荷韵"等丰富多彩的表演活动。

晚上到鼓楼夜市品美食,开封夜市可谓闻名世界,每人50元就可以品尝到黄焖鱼、炒凉粉等各色小吃。

品尝过美食后乘坐城际公交(车票每人6元)赴郑州天泉酒店休息(标间120元每间)。

D2:

上午乘高速快巴赴登封(车程1.5个小时,票价每人25元),上午参观少林寺(门票每人120元)。少林寺是河南首批5A级景区,以武术和禅宗闻名天下,特别是随着电影《少林寺》上映,更是名扬海内外。参观完后可到武术馆观看武术表演(凭票免费)。

中午到永泰寺吃素斋饭(人均80元)。

晚上观看禅宗音乐大典(最低票价168元C区)。禅宗音乐大典是一场震撼人心的视觉盛宴,对禅宗的经典诠释)。

晚宿登封市委市政府招待所(普标折扣价120元每间)。

D3:

登封乘坐大巴至洛阳参观龙门石窟(门票80元)。龙门石窟是全国第一批重点文物保护单位,全国首批5A级景区,世界文化遗产,中国封建社会雕刻艺术巅峰之作,琳琅满目的石刻艺术品,是中国传统文化与域外文明交汇融合的珍贵记录。

中午洛阳丽京门品洛阳小吃或者洛阳水席。(人均50元可以吃饱,很实惠)。

下午参观白马寺(门票35元)。白马寺中国第一座皇家寺院,中国佛教释源

之地。

参观之后乘坐大巴赴焦作(票价每人25元,车程2个小时左右)。晚宿焦作东方宾馆(标间160元每间),晚餐用宾馆自助餐(35元每位)。

D4:

焦作乘车到云台山(打的车费50元)。云台山全国首批5A级景区,是山水精品画廊和世界地质公园,门票180元。

中午旅游服务区吃农家饭(每人100元标准),可以吃到修武山羊肉、四大怀药、小白条鱼等农家饭。

车返焦作(打的车费50元)。晚乘城际公交(票价每人16元)返郑州。住宿天泉酒店(标间120元每间)。

D5:

上午乘26路至郑东新区参观郑州博览中心、河南省艺术中心、龙子湖等标志性建筑游览。

中午市区品尝合记烩面(每人20元标准)。

下午参观河南博物院(提前预约免费)。行程结束。

附录一 中国国家级重点风景名胜区名录

自1982年至2014年10月,国务院总共公布了8批、226处国家级风景名胜区。其中,第一批至第六批原称国家重点风景名胜区,2007年起改称中国国家级风景名胜区。分别是:

第一批:1982年11月08日发布,共44处
第二批:1988年08月01日发布,共40处
第三批:1994年01月10日发布,共35处
第四批:2002年05月17日发布,共32处
第五批:2004年01月13日发布,共26处
第六批:2005年12月31日发布,共10处
第七批:2009年12月28日发布,共21处
第八批:2012年10月31日发布,共17处

以下为国家级风景名胜区各省、自治区、直辖市分布列表,括号内数字表示入选批次。

浙江(19处)

杭州西湖风景名胜区(1)
富春江—新安江风景名胜区(1)
雁荡山风景名胜区(1)
普陀山风景名胜区(1)
天台山风景名胜区(2)
嵊泗列岛风景名胜区(2)
楠溪江风景名胜区(2)

莫干山风景名胜区(3)
雪窦山风景名胜区(3)
双龙风景名胜区(3)
仙都风景名胜区(3)
江郎山风景名胜区(4)
仙居风景名胜区(4)
浣江—五泄风景名胜区(4)
方岩风景名胜区(5)
百丈漈—飞云湖风景名胜区(5)
方山—长屿硐天风景名胜区(6)
天姥山风景名胜区(7)
大红岩风景名胜区(8)

湖南(19处)

衡山风景名胜区(1)
武陵源(张家界)风景名胜区(2)
岳阳楼—洞庭湖风景名胜区(2)
韶山风景名胜区(3)
岳麓风景名胜区(4)
崀山风景名胜区(4)
猛洞河风景名胜区(5)
桃花源风景名胜区(5)
紫鹊界梯田—梅山龙宫风景名胜区(6)
德夯风景名胜区(6)
苏仙岭—万华岩风景名胜区(7)
南山风景名胜区(7)
万佛山—侗寨风景名胜区(7)
虎形山—花瑶风景名胜区(7)
东江湖风景名胜区(7)
凤凰风景名胜区(8)
沩山风景名胜区(8)
炎帝陵风景名胜区(8)
白水洞风景名胜区(8)

福建(18处)

武夷山风景名胜区(1)

清源山风景名胜区(2)

鼓浪屿—万石山风景名胜区(2)

太姥山风景名胜区(2)

桃源洞—鳞隐石林风景名胜区(3)

金湖风景名胜区(3)

鸳鸯溪风景名胜区(3)

海坛风景名胜区(3)

冠豸山风景名胜区(3)

鼓山风景名胜区(4)

玉华洞风景名胜区(4)

十八重溪风景名胜区(5)

青云山风景名胜区(5)

佛子山风景名胜区(7)

宝山风景名胜区(7)

福安白云山风景名胜区(7)

灵通山风景名胜区(8)

湄洲岛风景名胜区(8)

贵州(18处)

黄果树风景名胜区(1)

织金洞风景名胜区(2)

潕阳河风景名胜区(2)

红枫湖风景名胜区(2)

龙宫风景名胜区(2)

荔波樟江风景名胜区(3)

赤水风景名胜区(3)

马岭河风景名胜区(3)

都匀斗篷山—剑江风景名胜区(5)

九洞天风景名胜区(5)

九龙洞风景名胜区(5)

黎平侗乡风景名胜区(5)

紫云格凸河穿洞风景名胜区(6)
平塘风景名胜区(7)
榕江苗山侗水风景名胜区(7)
石阡温泉群风景名胜区(7)
沿河乌江山峡风景名胜区(7)
瓮安县江界河风景名胜区(7)

江西(14处)

庐山风景名胜区(1)
井冈山风景名胜区(1)
三清山风景名胜区(2)
龙虎山风景名胜区(2)
仙女湖风景名胜区(4)
三百山风景名胜区(4)
梅岭—滕王阁风景名胜区(5)
龟峰风景名胜区(5)
高岭—瑶里风景名胜区(6)
武功山风景名胜区(6)
云居山—柘林湖风景名胜区(6)
灵山风景名胜区(7)
神农源风景名胜区(8)
大茅山风景名胜区(8)

四川(14处)

峨眉山风景名胜区(1)
九寨沟—黄龙寺风景名胜区(1)
青城山—都江堰风景名胜区(1)
剑门蜀道风景名胜区(1)
贡嘎山风景名胜区(2)
蜀南竹海风景名胜区(2)
西岭雪山风景名胜区(3)
四姑娘山风景名胜区(3)
石海洞乡风景名胜区(4)
邛海—螺髻山风景名胜区(4)

白龙湖风景名胜区(5)

光雾山—诺水河风景名胜区(5)

天台山风景名胜区(5)

龙门山风景名胜区(5)

云南(12处)

路南石林风景名胜区(1)

大理风景名胜区(1)

西双版纳风景名胜区(1)

三江并流风景名胜区(2)

昆明滇池风景名胜区(2)

玉龙雪山风景名胜区(2)

腾冲地热火山风景名胜区(3)

瑞丽江—大盈江风景名胜区(3)

九乡风景名胜区(3)

建水风景名胜区(3)

普者黑风景名胜区(5)

阿庐风景名胜区(5)

安徽(10处)

黄山风景名胜区(1)

九华山风景名胜区(1)

天柱山风景名胜区(1)

琅琊山风景名胜区(2)

齐云山风景名胜区(3)

采石风景名胜区(4)

巢湖风景名胜区(4)

花山谜窟—渐江风景名胜区(4)

太极洞风景名胜区(5)

花亭湖风景名胜区(6)

河北(10处)

承德避暑山庄外八庙风景名胜区(1)

秦皇岛北戴河风景名胜区(1)

野三坡风景名胜区(2)

苍岩山风景名胜区(2)

嶂石岩风景名胜区(3)

西柏坡—天桂山风景名胜区(4)

崆山白云洞风景名胜区(4)

太行大峡谷风景名胜区(8)

响堂山风景名胜区(8)

娲皇宫风景名胜区(8)

河南(10处,含扩展景区1处)

鸡公山风景名胜区(1)

洛阳龙门风景名胜区(1)

嵩山风景名胜区(1)

云台山风景名胜区(2) 扩展为:王屋山—云台山风景名胜区(3)

尧山(石人山)风景名胜区(4)

林虑山风景名胜区(5)

青天河风景名胜区(6)

神农山风景名胜区(6)

桐柏山—淮源风景名胜区(7)

郑州黄河风景名胜区(7)

辽宁(9处)

千山风景名胜区(1)

鸭绿江风景名胜区(2)

金石滩风景名胜区(2)

兴城海滨风景名胜区(2)

大连海滨—旅顺口风景名胜区(2)

凤凰山风景名胜区(3)

本溪水洞风景名胜区(3)

青山沟风景名胜区(4)

医巫闾山风景名胜区(4)

广东(8处)

肇庆星湖风景名胜区(1)

西樵山风景名胜区(2)
丹霞山风景名胜区(2)
白云山风景名胜区(4)
惠州西湖风景名胜区(4)
罗浮山风景名胜区(5)
湖光岩风景名胜区(5)
梧桐山风景名胜区(7)

湖北(7处)

武汉东湖风景名胜区(1)
武当山风景名胜区(1)
大洪山风景名胜区(2)
隆中风景名胜区(3)
九宫山风景名胜区(3)
陆水风景名胜区(4)
神农架风景名胜区(6)

重庆(7处)

长江三峡风景名胜区(1)
缙云山风景名胜区(1)
金佛山风景名胜区(2)
四面山风景名胜区(3)
芙蓉江风景名胜区(4)
天坑地缝风景名胜区(5)
潭獐峡风景名胜区(8)

山西(6处)

五台山风景名胜区(1)
恒山风景名胜区(1)
黄河壶口瀑布风景名胜区(2)
北武当山风景名胜区(3)
五老峰风景名胜区(3)
碛口风景名胜区(8)

附录一 | 中国国家级重点风景名胜区名录

江苏(5处)

太湖风景名胜区(1)
南京钟山风景名胜区(1)
云台山风景名胜区(2)
蜀冈瘦西湖风景名胜区(2)
镇江三山风景名胜区(5)

山东(5处)

泰山风景名胜区(1)
青岛崂山风景名胜区(1)
胶东半岛海滨风景名胜区(2)
博山风景名胜区(4)
青州风景名胜区(4)

陕西(5处)

华山风景名胜区(1)
临潼骊山—秦兵马俑风景名胜区(1)
宝鸡天台山风景名胜区(3)
黄帝陵风景名胜区(4)
合阳洽川风景名胜区(5)

新疆(5处)

天山天池风景名胜区(1)
库木塔格沙漠风景名胜区(4)
博斯腾湖风景名胜区(4)
赛里木湖风景名胜区(5)
罗布人村寨风景名胜区(8)

吉林(4处)

松花湖风景名胜区(2)
八大部—净月潭风景名胜区(2)
仙景台风景名胜区(4)
防川风景名胜区(4)

西藏(4 处)

雅砻河风景名胜区(2)
纳木错—念青唐古拉山风景名胜区(7)
唐古拉山—怒江源风景名胜区(7)
土林—古格风景名胜区(8)

黑龙江(3 处)

镜泊湖风景名胜区(1)
五大连池风景名胜区(1)
太阳岛风景名胜区(7)

广西(3 处)

桂林漓江风景名胜区(1)
桂平西山风景名胜区(2)
花山风景名胜区(2)

甘肃(3 处)

麦积山风景名胜区(1)
崆峒山风景名胜区(3)
鸣沙山—月牙泉风景名胜区(3)

北京(2 处)

八达岭—十三陵风景名胜区(1)
石花洞风景名胜区(4)

宁夏(2 处)

西夏王陵风景名胜区(2)
须弥山石窟风景名胜区(8)

青海(1 处)

青海湖风景名胜区(3)

天津(1 处)

盘山风景名胜区(3)

海南(1处)

三亚热带海滨风景名胜区(3)

内蒙古(1处)

扎兰屯风景名胜区(4)

附录二 中国国家级历史文化名城名录

根据《中华人民共和国文物保护法》,历史文化名城是指"保存文物特别丰富,具有重大历史文化价值和革命意义的城市"。这些城市,有的曾被各朝帝王选作都城;有的曾是当时的政治、经济重镇;有的曾是重大历史事件的发生地;有的因拥有珍贵的文物遗迹而享有盛名;有的则因出产精美的工艺品而著称于世。它们的留存,为今天的人们回顾中国历史打开了一个窗口。截至2014年,中国国家历史文化名城已达124座。各省、自治区、直辖市国家级历史文化名城分布情况如下:

直辖市:北京、天津、上海、重庆

河　北:承德市、保定市、邯郸市、山海关区、正定县

山　西:太原市、大同市、平遥县、新绛县、代县、祁县

内蒙古:呼和浩特市

黑龙江:哈尔滨市

吉　林:吉林市、集安市

辽　宁:沈阳市

江　苏:南京市、苏州市、扬州市、镇江市、徐州市、淮安市、无锡市、南通市、泰州市、常熟市(县级)、宜兴市(县级)

浙　江:杭州市、宁波市、绍兴市、衢州市、临海市、金华市、嘉兴市、湖州市

福　建:福州市、泉州市、漳州市、长汀县

安　徽:亳州市、安庆市、歙县、寿县、绩溪县

江　西:南昌市、景德镇市、赣州市

山　东:济南市、青岛市、聊城市、淄博市、泰安市、烟台市、青州市、曲阜市(县级)、邹城市(县级)、蓬莱市(县级)

河　南:郑州市、洛阳市、开封市、安阳市、南阳市、商丘市、濮阳市、浚县

湖　北:武汉市、荆州市(原江陵)、襄阳市(原襄樊)、随州市、钟祥市(县级)

湖　南:长沙市、岳阳市、凤凰县
广　东:广州市、中山市、潮州市、肇庆市、佛山市、梅州市、雷州市(县级)
广　西:桂林市、柳州市、北海市
海　南:海口市(琼山市与海口市合并)
四　川:成都市、自贡市、宜宾市、乐山市、泸州市、阆中市(县级)、都江堰市(县级)、会理县
云　南:昆明市、丽江市、大理市(县级)、建水县、巍山县、会泽县
贵　州:遵义市、镇远县
西　藏:拉萨市、日喀则市、江孜县
陕　西:西安市、延安市、榆林市、咸阳市、汉中市、韩城市(县级)
甘　肃:武威市、张掖市、天水市、敦煌市(县级)
青　海:同仁县
宁　夏:银川市
新　疆:伊宁市、喀什市(县级)、吐鲁番市(县级)、特克斯县、库车县

附录三　中国国家级自然保护区名录

2014年12月,国务院办公厅印发《关于公布内蒙古毕拉河等21处新建国家级自然保护区名单的通知》,批准新建国家级自然保护区21处。至此,我国的国家级自然保护区数量达到428处,总面积93万平方公里,占我国陆域国土面积的9.72%。以下为各省、自治区、直辖市国家级自然保护区分布情况(部分):

北京市(2个)

北京松山国家级自然保护区
北京百花山国家级自然保护区

天津市(3个)

天津古海岸与湿地国家级自然保护区
天津蓟县中、上元古界地层剖面国家级自然保护区
天津八仙山国家级自然保护区

河北省(13个)

河北昌黎黄金海岸国家级自然保护区
河北小五台山国家级自然保护区
河北泥河湾国家级自然保护区
河北大海坨国家级自然保护区
河北雾灵山国家级自然保护区
河北围场红松洼国家级自然保护区
河北衡水湖国家级自然保护区
河北柳江盆地地质遗迹国家级自然保护区
河北塞罕坝国家级自然保护区
河北茅荆坝国家级自然保护区

河北滦河上游国家级自然保护区
驼梁国家级自然保护区
青崖寨国家级自然保护区

山西省(7个)

山西阳城莽河猕猴国家级自然保护区
山西芦芽山国家级自然保护区
山西庞泉沟国家级自然保护区
山西历山国家级自然保护区
山西五鹿山国家级自然保护区
黑茶山国家级自然保护区
灵空山国家级自然保护区

内蒙古自治区(27个)

内蒙古赛罕乌拉国家级自然保护区
内蒙古达里诺尔国家级自然保护区
内蒙古白音敖包国家级自然保护区
内蒙古黑里河国家级自然保护区
内蒙古大黑山国家级自然保护区
内蒙古大兴安岭汗马国家级自然保护区
内蒙古红花尔基樟子松林国家级自然保护区
内蒙古辉河国家级自然保护区
内蒙古达赉湖国家级自然保护区
内蒙古科尔沁国家级自然保护区
内蒙古图牧吉国家级自然保护区
内蒙古大青沟国家级自然保护区
内蒙古锡林郭勒草原国家级自然保护区
内蒙古鄂尔多斯遗鸥国家级自然保护区
内蒙古西鄂尔多斯国家级自然保护区
内蒙古乌拉特梭梭林—蒙古野驴国家级自然保护区
内蒙古贺兰山国家级自然保护区
内蒙古额济纳胡杨林国家级自然保护区
内蒙古阿鲁科尔沁草原国家级自然保护区
内蒙古哈腾套海国家级自然保护区

内蒙古额尔古纳国家级自然保护区
内蒙古鄂托克恐龙遗迹化石国家级自然保护区
内蒙古大青山国家级自然保护区
罕山国家级自然保护区
大青山国家级自然保护区
毕拉河国家级自然保护区
乌兰坝国家级自然保护区

辽宁省(15个)

辽宁大连斑海豹国家级自然保护区
辽宁成山头海滨地貌国家级自然保护区
辽宁蛇岛—老铁山国家级自然保护区
辽宁仙人洞国家级自然保护区
辽宁桓仁老秃顶子国家级自然保护区
辽宁白石砬子国家级自然保护区
辽宁丹东鸭绿江口滨海湿地国家级自然保护区
辽宁医巫闾山国家级自然保护区
辽宁双台河口国家级自然保护区
辽宁北票鸟化石国家级自然保护区
辽宁努鲁儿虎山国家级自然保护区
辽宁海棠山国家级自然保护区
辽宁大黑山国家级自然保护区
葫芦岛虹螺山国家级自然保护区
青龙河国家级自然保护区

吉林省(17个)

吉林伊通火山群国家级自然保护区
吉林龙湾国家级自然保护区
吉林鸭绿江上游国家级自然保护区
吉林莫莫格国家级自然保护区
吉林向海国家级自然保护区
吉林天佛指山国家级自然保护区
吉林长白山国家级自然保护区
吉林大布苏国家级自然保护区

吉林珲春东北虎国家级自然保护区
吉林查干湖国家级自然保护区
吉林雁鸣湖国家级自然保护区
哈泥国家级自然保护区
松花江三湖国家级自然保护区
吉林汪清国家级自然保护区
吉林白山原麝国家级自然保护区
四平山门中生代火山国家级自然保护区
集安国家级自然保护区

黑龙江省(32个)

黑龙江扎龙国家级自然保护区
黑龙江兴凯湖国家级自然保护区
黑龙江宝清七星河国家级自然保护区
黑龙江饶河东北黑蜂国家级自然保护区
黑龙江丰林国家级自然保护区
黑龙江凉水国家级自然保护区
黑龙江三江国家级自然保护区
黑龙江洪河国家级自然保护区
黑龙江八岔岛国家级自然保护区
黑龙江挠力河国家级自然保护区
黑龙江牡丹峰国家级自然保护区
黑龙江五大连池国家级自然保护区
黑龙江呼中国家级自然保护区
黑龙江南瓮河国家级自然保护区
黑龙江凤凰山国家级自然保护区
黑龙江乌伊岭国家级自然保护区
黑龙江胜山国家级自然保护区
黑龙江双河国家级自然保护区
黑龙江红星湿地国家级自然保护区
黑龙江珍宝岛湿地国家级自然保护区
黑龙江穆棱东北红豆杉国家级自然保护区
黑龙江东方红湿地国家级自然保护区
黑龙江大沾河湿地国家级自然保护区

黑龙江新青白头鹤国家级自然保护区

黑龙江三环泡国家级自然保护区

黑龙江乌裕尔河国家级自然保护区

黑龙江中央站黑嘴松鸡国家级自然保护区

黑龙江茅兰沟国家级自然保护区

黑龙江明水国家级自然保护区

太平沟国家级自然保护区

老爷岭东北虎国家级自然保护区

大峡谷国家级自然保护区

山东省(7个)

山东马山国家级自然保护区

山东黄河三角洲国家级自然保护区

山东长岛国家级自然保护区

山东山旺古生物化石国家级自然保护区

山东滨州贝壳堤岛与湿地国家级自然保护区

山东荣成大天鹅国家级自然保护区

山东昆嵛山国家级自然保护区

江苏省(3个)

江苏盐城湿地珍禽国家级自然保护区

江苏大丰麋鹿国家级自然保护区

江苏泗洪洪泽湖湿地国家级自然保护区

上海市(2个)

上海九段沙湿地国家级自然保护区

上海崇明东滩鸟类国家级自然保护区

浙江省(10个)

浙江清凉峰国家级自然保护区

浙江天目山国家级自然保护区

浙江南麂列岛海洋国家级自然保护区

浙江乌岩岭国家级自然保护区

浙江大盘山国家级自然保护区

浙江古田山国家级自然保护区
浙江凤阳山—百山祖国家级自然保护区
浙江九龙山国家级自然保护区
浙江长兴地质遗迹国家级自然保护区
浙江象山韭山列岛海洋生态国家级自然保护区

安徽省(6个)

安徽鹞落坪国家级自然保护区
安徽古牛绛国家级自然保护区
安徽扬子鳄国家级自然保护区
安徽金寨天马国家级自然保护区
安徽升金湖国家级自然保护区
安徽铜陵淡水豚国家级自然保护区

江西省(14个)

江西鄱阳湖南矶湿地国家级自然保护区
江西桃红岭梅花鹿国家级自然保护区
江西九连山国家级自然保护区
江西武夷山国家级自然保护区
江西井冈山国家级自然保护区
江西官山国家级自然保护区
江西马头山国家级自然保护区
江西鄱阳湖国家级自然保护区
江西九岭山国家级自然保护区
江西齐云山国家级自然保护区
江西阳际峰国家级自然保护区
江西赣江源国家级自然保护区
江西庐山国家级自然保护区
铜钹山国家级自然保护区

福建省(16个)

福建武夷山国家级自然保护区
福建将乐龙栖山国家级自然保护区
福建天宝岩国家级自然保护区

福建深沪湾海底古森林遗迹国家级自然保护区
福建漳江口红树林国家级自然保护区
福建虎伯寮国家级自然保护区
福建厦门珍稀海洋物种国家级自然保护区
福建梁野山国家级自然保护区
福建梅花山国家级自然保护区
福建戴云山国家级自然保护区
福建闽江源国家级自然保护区
福建君子峰国家级自然保护区
福建南平茫荡山国家级自然保护区
福建福州闽江河口湿地国家级自然保护区
福建茫荡山国家级自然保护区
汀江源国家级自然保护区

河南省(12个)

河南黄河湿地国家级自然保护区
河南豫北黄河故道湿地鸟类国家级自然保护区
河南焦作太行山猕猴国家级自然保护区
河南南阳恐龙蛋化石群国家级自然保护区
河南伏牛山国家级自然保护区
河南宝天曼国家级自然保护区
河南鸡公山国家级自然保护区
河南董寨国家级自然保护区
河南连康山国家级自然保护区
河南小秦岭国家级自然保护区
河南丹江湿地国家级自然保护区
河南大别山国家级自然保护区

湖北省(18个)

湖北青龙山恐龙蛋化石群国家级自然保护区
湖北神农架国家级自然保护区
湖北五峰后河国家级自然保护区
湖北石首麋鹿国家级自然保护区
湖北长江天鹅洲白鱀豚国家级自然保护区

湖北长江新螺段白鱀豚国家级自然保护区
湖北星斗山国家级自然保护区
湖北九宫山国家级自然保护区
湖北七姊妹山国家级自然保护区
湖北洪湖湿地国家级自然保护区
湖北龙感湖国家级自然保护区
湖北赛武当国家级自然保护区
湖北木林子国家级自然保护区
湖北堵河源国家级自然保护区
十八里长峡国家级自然保护区
洪湖国家级自然保护区
南河国家级自然保护区
大别山国家级自然保护区

湖南省(23个)

湖南炎陵桃源洞国家级自然保护区
湖南东洞庭湖国家级自然保护区
湖南壶瓶山国家级自然保护区
湖南张家界大鲵国家级自然保护区
湖南八大公山国家级自然保护区
湖南莽山国家级自然保护区
湖南永州都庞岭国家级自然保护区
湖南小溪国家级自然保护区
湖南黄桑国家级自然保护区
湖南乌云界国家级自然保护区
湖南鹰嘴界国家级自然保护区
湖南南岳衡山国家级自然保护区
湖南借母溪国家级自然保护区
湖南八面山国家级自然保护区
湖南阳明山国家级自然保护区
湖南六步溪国家级自然保护区
湖南舜皇山国家级自然保护区
湖南高望界国家级自然保护区
湖南东安舜皇山国家级自然保护区

湖南白云山国家级自然保护区
湖南西洞庭湖国家级自然保护区
九嶷山国家级自然保护区
金童山国家级自然保护区

广东省(13 个)

广东南岭国家级自然保护区
广东车八岭国家级自然保护区
广东丹霞山国家级自然保护区
广东内伶仃岛—福田国家级自然保护区
广东珠江口中华白海豚国家级自然保护区
广东湛江红树林国家级自然保护区
广东鼎湖山国家级自然保护区
广东象头山国家级自然保护区
广东惠东港口海龟国家级自然保护区
广东徐闻珊瑚礁国家级自然保护区
广东雷州珍稀水生动物国家级自然保护区
广东罗坑鳄蜥国家级自然保护区
云开山国家级自然保护区

广西壮族自治区(21 个)

广西大明山国家级自然保护区
广西花坪国家级自然保护区
广西猫儿山国家级自然保护区
广西山口红树林生态国家级自然保护区
广西合浦营盘港—英罗港儒艮国家级自然保护区
广西北仑河口国家级自然保护区
广西防城金花茶国家级自然保护区
广西十万大山国家级自然保护区
广西弄岗国家级自然保护区
广西大瑶山国家级自然保护区
广西木论国家级自然保护区
广西千家洞国家级自然保护区
广西岑王老山国家级自然保护区

广西九万山国家级自然保护区
广西金钟山黑颈长尾雉国家级自然保护区
广西崇左白头叶猴自然保护区
广西大桂山鳄蜥国家级自然保护区
广西邦亮长臂猿国家级自然保护区
恩城国家级自然保护区
广西元宝山国家级自然保护区
七冲国家级自然保护区

海南省(10个)

海南三亚珊瑚礁国家级自然保护区
海南东寨港国家级自然保护区
海南铜鼓岭国家级自然保护区
海南大洲岛海洋生态国家级自然保护区
海南大田国家级自然保护区
海南尖峰岭国家级自然保护区
海南五指山国家级自然保护区
海南坝王岭国家级自然保护区
海南吊罗山国家级自然保护区
鹦哥岭国家级自然保护区

重庆市(7个)

重庆缙云山国家级自然保护区
重庆大巴山国家级自然保护区
长江上游珍稀特有鱼类国家级自然保护区
重庆金佛山国家级自然保护区
雪宝山国家级自然保护区
重庆阴条岭国家级自然保护区
重庆五里坡国家级自然保护区

四川省(28个)

四川龙溪—虹口国家级自然保护区
四川白水河国家级自然保护区
四川攀枝花苏铁国家级自然保护区

四川画稿溪国家级自然保护区
四川王朗国家级自然保护区
四川广元唐家河国家级自然保护区
四川马边大风顶国家级自然保护区
四川长宁竹海国家级自然保护区
四川蜂桶寨国家级自然保护区
四川卧龙国家级自然保护区
四川九寨沟国家级自然保护区
四川小金四姑娘山国家级自然保护区
四川若尔盖湿地国家级自然保护区
四川贡嘎山国家级自然保护区
四川察青松多白唇鹿国家级自然保护区
四川亚丁国家级自然保护区
四川美姑大风顶国家级自然保护区
长江上游珍稀特有鱼类国家级自然保护区
四川广元米仓山国家级自然保护区
四川雪宝顶国家级自然保护区
四川花萼山国家级自然保护区
四川海子山国家级自然保护区
诺水河珍稀水生动物国家级自然保护区
黑竹沟国家级自然保护区
格西沟国家级自然保护区
四川小寨子沟国家级自然保护区
栗子坪国家级自然保护区
千佛山国家级自然保护区

贵州省(9个)

贵州习水中亚热带常绿阔叶林国家级自然保护区
贵州赤水桫椤国家级自然保护区
贵州梵净山国家级自然保护区
贵州麻阳河国家级自然保护区
长江上游珍稀特有鱼类国家级自然保护区
贵州草海国家级自然保护区
贵州雷公山国家级自然保护区

贵州茂兰国家级自然保护区
贵州宽阔水国家级自然保护区

云南省(18个)

云南哀牢山国家级自然保护区
云南高黎贡山国家级自然保护区
云南大山包黑颈鹤国家级自然保护区
云南大围山国家级自然保护区
云南金平分水岭国家级自然保护区
云南黄连山国家级自然保护区
云南文山国家级自然保护区
云南无量山国家级自然保护区
云南西双版纳国家级自然保护区
云南西双版纳纳版河流域国家级自然保护区
云南苍山洱海国家级自然保护区
云南白马雪山国家级自然保护区
云南南滚河国家级自然保护区
长江上游珍稀特有鱼类国家级自然保护区
云南药山国家级自然保护区
云南会泽黑颈鹤国家级自然保护区
云南永德大雪山国家级自然保护区
乌蒙山国家级自然保护区

青海省(7个)

青海孟达国家级自然保护区
青海青海湖国家级自然保护区
青海可可西里国家级自然保护区
青海隆宝国家级自然保护区
青海三江源国家级自然保护区
青海柴达木梭梭林国家级自然保护区
大通北川河源区国家级自然保护区

西藏自治区(9个)

西藏雅鲁藏布江中游河谷黑颈鹤国家级自然保护区

西藏芒康滇金丝猴国家级自然保护区
西藏珠穆朗玛峰国家级自然保护区
西藏色林错国家级自然保护区
西藏羌塘国家级自然保护区
西藏雅鲁藏布大峡谷国家级自然保护区
西藏察隅慈巴沟国家级自然保护区
西藏拉鲁湿地国家级自然保护区
西藏类乌齐马鹿国家级自然保护区

陕西省(21个)

陕西周至国家级自然保护区
陕西太白山国家级自然保护区
陕西长青国家级自然保护区
陕西佛坪国家级自然保护区
陕西牛背梁国家级自然保护区
陕西汉中朱鹮国家级自然保护区
陕西子午岭国家级自然保护区
陕西化龙山国家级自然保护区
陕西天华山国家级自然保护区
陕西青木川国家级自然保护区
陕西桑园国家级自然保护区
陕西米仓山国家级自然保护区
陕西陇县秦岭细鳞鲑国家级自然保护区
陕西韩城褐马鸡国家级自然保护区
陕西汉中略阳大鲵国家级自然保护区
陕西观音山国家级级自然保护区
陕西省略阳珍稀水生动物国家级自然保护区
陕西黄柏塬国家级自然保护区
陕西平河梁国家级自然保护区
老县城国家级自然保护区
陕西观音山国家级自然保护区

甘肃省(16个)

甘肃兴隆山国家级自然保护区

甘肃祁连山国家级自然保护区
甘肃敦煌西湖国家级自然保护区
甘肃安西极旱荒漠国家级自然保护区
甘肃民勤连古城国家级自然保护区
甘肃白水江国家级自然保护区
甘肃莲花山国家级自然保护区
甘肃尕海—则岔国家级自然保护区
甘肃太统—崆峒山国家级自然保护区
甘肃连城国家级自然保护区
甘肃小陇山国家级自然保护区
甘肃盐池湾国家级自然保护区
甘肃安南坝野骆驼国家级自然保护区
甘肃漳县珍稀水生动物国家级自然保护区
黄河首曲国家级自然保护区
秦州珍稀水生野生动物国家级自然保护区

宁夏回族自治区(9个)

宁夏贺兰山国家级自然保护区
宁夏沙坡头国家级自然保护区
宁夏罗山国家级自然保护区
宁夏灵武白芨滩国家级自然保护区
宁夏六盘山国家级自然保护区
宁夏哈巴湖国家级自然保护区
宁夏云雾山国家级自然保护区
火石寨丹霞地貌国家级自然保护区
南华山国家级自然保护区

新疆维吾尔族自治区(11个)

新疆阿尔金山国家级自然保护区
新疆罗布泊野骆驼国家级自然保护区
新疆巴音布鲁克国家级自然保护区
新疆托木尔峰国家级自然保护区
新疆西天山国家级自然保护区
新疆甘家湖梭梭林国家级自然保护区

新疆喀纳斯国家级自然保护区
新疆塔里木胡杨国家级自然保护区
新疆艾比湖湿地国家级自然保护区
布尔根河狸国家级自然保护区
巴尔鲁克山国家级自然保护区

附录四　中国纳入联合国"人与生物圈"保护区名录

1. 长白山自然保护区位于吉林省安图、抚松、长白三县交界的白头山地区,是我国温带森林生态系统的综合性自然保护区。
2. 卧龙自然保护区位于四川省西部汶川县境内。
3. 鼎湖山自然保护区位于广东省肇庆市。
4. 梵净山自然保护区位于贵州省江口、印江、松桃三县交界处。
5. 武夷山自然保护区位于福建省建阳、崇安、光泽县境内。
6. 锡林郭勒草原自然保护区位于内蒙古自治区锡林浩特市,是我国和世界的第一个草地类型的自然保护区。
7. 神农架自然保护区位于湖北省房县、兴山、巴东三县境内。
8. 博格达峰自然保护区位于新疆中部,天山东段。
9. 盐城自然保护区位于江苏省盐城市,该保护区主要保护以丹顶鹤为主的珍禽,是全球最大的丹顶鹤越冬地。
10. 西双版纳自然保护区位于云南省西双版纳傣族自治州,是我国热带生态系统和多种动植物的综合自然保护区。
11. 天目山自然保护区位于浙江省临安县西北的天目山,主要保护亚热带森林生态系统。
12. 茂兰自然保护区位于贵州省南部荔波县境内,该保护区是我国亚热带乃至世界上同纬度地区残存下来的、绝无仅有的一片十分集中且原生性强又比较稳定的喀斯特森林生态系统。
13. 九寨沟自然保护区位于四川省南坪县,是我国第一个以保护自然风景为主要目的的自然保护区。
14. 丰林自然保护区位于黑龙江省伊春市,主要保护原始红松林。
15. 南麂列岛自然保护区位于浙江省平阳县东南海面。
16. 山口自然保护区位于广西壮族自治区北海市合浦县山口镇,主要保护对象为红树林生态系统。

17. 白水江自然保护区位于甘肃省武都县和文县境内。
18. 黄龙自然保护区位于四川省松潘县境内。
19. 高黎贡山自然保护区位于云南保山市的隆阳区、腾冲县、怒江州的泸水县、福贡县、贡山县。
20. 宝天曼自然保护区宝天曼位于河南省南阳市内乡县。
21. 赛罕乌拉自然保护区位于内蒙古自治区赤峰巴林右旗北部。
22. 达赉湖自然保护区位于内蒙古自治区满洲里市呼伦贝尔草原西部。
23. 五大连池自然保护区位于黑龙江省西北部的五大连池市。
24. 亚丁自然保护区位于四川甘孜藏族自治州南部。
25. 珠穆朗玛峰自然保护区位于中国西藏自治区西南隅。
26. 佛坪自然保护区位于陕西南部汉中市佛坪县境内。

附录五　中国世界遗产名录

截至 2014 年,经联合国教科文组织审核被批准列入《世界遗产名录》的中国世界遗产共有 47 项,仅次于拥有 50 项世界遗产的意大利,数量位居世界第二。以下为部分中国世界遗产分布情况(括号内为审核批准年份):

世界文化、自然双重遗产(4 处)

1. 泰山(1987)
2. 黄山(1990)
3. 峨眉山和乐山大佛(1996)
4. 武夷山(1999)

世界自然遗产(10 处)

1. 武陵源风景名胜区(1992)
2. 九寨沟风景名胜区(1992)
3. 黄龙风景名胜区(1992)
4. 云南三江并流(1993)
5. 三清山风景名胜区(2008)
6. 四川卧龙熊猫保护基地(2006)
7. 中国南方喀斯特(2007)
8. 中国丹霞(2010)
9. 中国云南澄江化石遗址(2012)
10. 中国新疆天山(2013)

世界文化遗产(31 处)

1. 周口店北京猿人遗址(1987)
2. 长城(1987)

3. 敦煌莫高窟(甘肃,1987)

4. 明清皇宫(北京故宫,1987;沈阳故宫,2004)

5. 秦始皇陵及兵马俑坑(1987)

6. 承德避暑山庄及周围寺庙(1994)

7. 曲阜孔府、孔庙、孔林(1994)

8. 武当山古建筑群(1994)

9. 布达拉宫(大昭寺、罗布林卡)(1994)

10. 福建土楼(2008)

11. 丽江古城(1997)

12. 平遥古城(1997)

13. 苏州古典园林(1997)

14. 颐和园(1998)

15. 天坛(1998)

16. 大足石刻(1999)

17. 明清皇家陵寝(明显陵、清东陵、清西陵,2000;明孝陵、十三陵,2003;盛京三陵,2004)

18. 皖南古村落(西递、宏村)(2000)

19. 龙门石窟(2000)

20. 都江堰—青城山(2000)

21. 云冈石窟(2001)

22. 高句丽王城、王陵及贵族墓葬(2004)

23. 澳门历史城区(2005)

24. 安阳殷墟(2006)

25. 开平碉楼与古村落(2007)

26. 登封"天地之中"历史建筑群(2010)

27. 杭州西湖文化遗产(2011)

28. 庐山(1996)

29. 五台山(2009)

30. 元上都遗址(2012)

31. 红河哈尼梯田(2013)

32. 丝绸之路起始地段:长安—天山走廊的路网(2014)

33. 大运河(2014)

附录六 教学大纲

适用专业:旅游管理
总学时:48学时

一、课程性质及教学对象

(一)课程性质

本课程是介绍旅游线路设计知识的一门应用性学科;是旅游管理专业学生必修的一门专业技能课。

(二)教学对象

本课程适用由普通高中升入高职学习的学生。在学习本课程之前,应掌握旅行社经营管理、旅游市场营销、旅游经济学等相关知识。

二、教学目的和任务

1. **教学目的**

通过本课程教学,使学生掌握旅游线路设计的常识和方法,理论联系实际,培养学生的创新能力,为今后从事旅游管理、服务工作奠定坚实的基础。

2. **教学任务**

本课程以课堂讲授与实际训练相结合的方式来进行。使学生能认识旅行社产品的性质、意义并能掌握旅游线路设计的基本业务;认识和掌握旅游活动的发展规律;掌握旅游产品的相关知识。

三、课程内容和基本要求

(一)课程内容(详见目录)

(二)课程基本要求

1. **旅游线路设计概念**

掌握旅游线路的概念;理解旅游线路与旅游产品关系;掌握旅游资源;掌握旅

游设施;掌握旅游服务;掌握旅游时间;理解旅游线路的特点;理解旅游线路的类型;掌握旅游线路的等级;掌握旅游线路设计的意义;了解旅游线路设计者的必备素质。

2. 旅游需要

了解旅游需要;理解旅游需要的特点和马斯洛的需要层次理论;了解旅游动机的基本类型;了解影响旅游动机的因素;掌握旅游需要与旅游线路设计。

3. 旅游资源

了解旅游资源的概念和类型特点及主要风景名胜;掌握旅游资源与旅游线路设计的关系。

4. 旅游交通

了解旅游交通概念及特点;掌握旅游交通在旅游线路设计中的地位和作用;掌握选择最佳交通线路与方式的依据。

5. 旅游饭店

了解旅游饭店的概念及特点分类;掌握旅游饭店在旅游线路中的地位与作用。

6. 旅游线路设计运作

掌握节点;了解我国旅游节点;掌握旅游线路设计的原则;掌握旅游线路设计的主要内容;了解旅游线路设计发展的趋势;了解多媒体的概念;掌握多媒体技术在旅游线路设计中的应用;掌握线路设计的一般规律。

7. 旅游线路的宣传与促销

掌握宣传的基本原则;掌握宣传的基本手段;了解促销的概念;掌握促销的内容及作用。

8. 我国著名旅游线路举要

了解我国旅游线路的主要特点;掌握专项旅游线路;掌握其他旅游线路。

四、学时分配

序号	教学内容	理论教学(学时)	实践教学(学时)	课堂训练(学时)
1	旅游线路设计概念	2		
2	旅游动机	2		
3	旅游景区	2		
4	旅游交通	2		
5	旅游饭店	2		

续表

序号	教学内容	理论教学(学时)	实践教学(学时)	课堂训练(学时)
6	旅游线路设计运作	6		4
7	旅游线路的宣传与促销	4		
8	旅游线路设计实例	4		4
	合　计	24		8

五、有关说明

该大纲是依据国家教育部旅游管理专业教学计划的基本要求,结合河南省人才发展需要而编写的。

参考文献

1. 阎友兵.旅游线路设计学[M].长沙:湖南地图出版社,1996.
2. 国家旅游局人事劳动教育司.旅行社经营管理[M].北京:机械工业出版社,1999.
3. 梁智,等.旅行社运行与管理[M].大连:东北财经大学出版社,1999.
4. 沈祖祥.旅游策划学[M].福州:福建人民出版社,2000.
5. 保继刚,楚义芳.旅游地理学(修订版)[M].北京:高等教育出版社,1999.
6. 吴必虎.区域旅游规划原理[M].北京:中国旅游出版社,2001.
7. 谭彩荷.旅游线路设计的问题及实证研究[J].重庆工学院学报,2004,(4).
8. 陈启跃.旅游线路设计[M].上海:交通大学出版社,2010.
9. 吴国清.旅游线路设计[M].北京:旅游教育出版社,2006.
10. 张俐俐.旅游市场营销[M].北京:清华大学出版社,2009.
11. 舒伯阳.旅游心理学[M].大连:东北财经大学出版社,2007.

责任编辑:张 萍

图书在版编目(CIP)数据

旅游线路规划与设计/胡华编著. —北京:旅游教育出版社,2011.8(2019.8)
新编高职高专旅游管理类专业规划教材
ISBN 978-7-5637-2149-8

I.①旅… Ⅱ.①胡… Ⅲ.①旅游路线—设计—高等职业教育—教材 Ⅳ.①F590.63
中国版本图书馆 CIP 数据核字(2011)第 050165 号

新编高职高专旅游管理类专业规划教材
谢彦君 总主编

旅游线路规划与设计
(第2版)
胡华 编著

出版单位	旅游教育出版社
地　　址	北京市朝阳区定福庄南里1号
邮　　编	100024
发行电话	(010)65778403 65728372 65767462(传真)
本社网址	www.tepcb.com
E - mail	tepfx@163.com
印刷单位	北京柏力行彩印有限公司
经销单位	新华书店
开　　本	710 毫米 × 1000 毫米　1/16
印　　张	8.875
字　　数	139 千字
版　　次	2015 年 2 月第 2 版
印　　次	2019 年 8 月第 4 次印刷
定　　价	25.00 元

(图书如有装订差错请与发行部联系)